KB191211

매장부터
프랜차이즈까지,

외식업
마케팅의
모든 것

명문대 직원보다 고졸 사장이 장사를 더 잘하는 이유

매장부터 프랜차이즈까지, 외식업 마케팅의 모든 것

김경문 지음

나비의 활주로

CONTENTS

PART 3

프랜차이즈 창업 마케팅

PART 4
마케팅 진행 채널별 이해

- 바이럴 광고: 창업카페

 (2) SNS 광고

- 유료 광고: 페이스북/인스타그램 프랜차이즈 타기팅 광고

 (3) 배너 광고: GDN, 카카오 모먼트

'명문대 직원보다 고졸 사장이 장사를 더 잘하는 이유'는 뭘까?

식당은 이성과 감성을 아우르는 종합 예술입니다. 무슨 말도 안 되는 소리냐고 할 수 있겠지만, 장사를 해보았고 현재도 하고 있으며 2,000명이 넘는 사장님들을 컨설팅한 필자의 입장에서 볼 때 확신할 수 있습니다. 이제는 맛있기만 하다고 장사가 잘되는 시대가 아니기 때문에 모든 것을 종합적으로 예술적 경지까지 끌어올려야 하는 이유에서입니다. 결제 데이터를 기반으로 고객을 분석해 수익을 극대화하는 이성적 사고도 해야 하지만, 고객의 마음을 사로잡아 계속 오고 싶도록 이벤트를 기획하는 감성적인 접근도 해야 합니다.

홍대 미대를 나온 직원은 고객의 마음을 잡기 위한 이미지를 만들자고 하겠지만, 포스 매출을 기반으로 데이터를 수집해 수익구조를 분석하는 데 신경 쓰지 않을 것이고, 서울대 공대를 나온 직원은 포스 데이터를 정리해서 매출이 빠지는 구간을 분석해 수익을 극대화하는 방법을 찾자고 하겠지만, 고객의 마음을 잡는 이벤트를 고민하지는 않을 것입니다. 하지만 고졸인 사장님은 알고 있습니다. 데이터를 통해 수익구조도 잡고, 이벤트를 통해 고객의 마음까지 다 잡아야 한다는 것을. 두 마리 토끼를, 아니 어쩌면 서너 마리가 넘는 토끼까지 다 잡아야 한다는 것을 분명히 알고 있습니다.

대부분의 식당 사장님은 "먹고살려면 어쩔 수 없지 않아?"라는 말을 입에 달고 삽니다. 그리고 밤에도 주말에도 새벽에도 당연하다는 듯 출근을 합니다. 직장인이라면, 공무원이라면, 당연하다는 이것들을 몇십 년간 매일 계속할 수 있을까요? 이는 책임감의 무게가 다르기 때문입니다. 한 달에 최소 얼마 이상 생활비가 보장된 것도 아니다 보니 가족들을 먹여 살리기 위한 부담감을 항상 느낄 수밖에 없습니다. 그러나 최저 생활비가 없듯 최대 수익 또한 없이, 하는 만큼 벌게 되므로 더욱 치열해질 수밖에 없습니다.

그리고 그 책임감이 오랫동안 습관화되고 업력이 되어 쌓이다 보면, 결국 인생을 주도적으로 살게 될 수밖에 없습니다. 하나라도 더 배워서 식당에 적용해보고 한 명이라도 더 고객을 유치하기 위해서, 누가 시키지 않아도, 모르는 사람들에게 전단지를 돌립니다.

필자는 그런 사장님들의 삶이 나쁘다고 생각지 않습니다. 오히려 내성적인 성격을 외향적으로 바꾸고, 에너지가 적은 분을 에너지 넘치는 사장님으로 바꾸는 긍정적인 변화라 생각합니다. 그리고 그런 삶이 훨씬 주도적이고 행복한 삶이라 확신합니다.

물론, 그 과정에서 힘들기도 하고 아무리 해도 잘 안돼서 실패하는 분들도 분명히 있을 것입니다. 그러나 힘들게만 보여서 자영업자는 절대 하면 안 될 것처럼 오해하는 사람들에게 다음과 같은 말을 해주고 싶습니다.

"자영업자만큼 성공을 많이 해보는 사람도 없습니다. 하루의 목표 매출만 달성해도, 그날은 성공한 날이기 때문입니다. 그런 성공의 경험이 쌓이면 성공이 습관이 되고, 성공하는 습관이 쌓이면 그 사람은 성공한 인생을 사는 것입니다."

하루하루 살아남기 위해 새벽부터 밤까지 계속 일하고, 한 달에 며칠 정도라도 목표 매출을 이뤄 본 사장님들의 소소한 습관이 결국 성공한 사장님을 만들고, 나아가 서울대 나온 직원들보다 훨씬 성공한 인생을 만들어 줄 것이라고 확신합니다.

이 책은 '성공할 준비가 되어 있는 사장님'에게 바치는 책입니다

사장님들이 좀 더 완벽한 '종합예술가'가 될 수 있도록 서포트하기 위해, 약 10여 년간 2,000개가 넘는 매장과 200개가 넘는 프랜차이즈 본사를 컨설팅한 경험을 토대로 이 책을 만들었습니다.

멀리서도 찾아오는 고객들이 있는 매장이라면, 대부분 요즘은 '네이버 플레이스 광고'를 합니다. 너무나 당연히 되어버려서 안 하는 게 이상할 정도죠. 그러다 보니 정작 중요한 것들을 놓치는 경우가 많습니다. 바로 '고객'입니다. '온라인에서 알아서 고객에게 노출하고 클릭을 유도해주니 나는 그것만 하면 되겠지' 하고 익숙함에서 오는 착각을 하는 경우가 생깁니다.

플레이스 광고에서 조회수가 높은 키워드는 클릭당 1,000원이 넘어가는 경우가 많습니다. 일반적으로 클릭 대비 매장 방문 전환율이 평균 5% 정도 되니, 20클릭이 일어나야 1팀이 매장에 옵니다. 2만 원 정도 써야 1팀을 잡을 수 있는 것입니다. 그런데 말입니다. 비 오는 날 매장에 손님이 없을 때, 밖에 나가서 매장 로고가 찍힌 작은 비닐우산을 비 맞고 있는 사람들한테 나누어줘 본 적 있으신가요?

매장 로고가 찍힌 우산을 박스 단위로 사면 하나당 1,500원 정도 됩니다. '우산이 없을 때 나에게 우산을 건네준 사장님 마케팅'을 오프라인으로 해보니, 2~3팀 당 1팀꼴로 우산을 다시 가져다주러 와서 감사 인사를 하며 식사를 하고 갔습니다. 1팀을 유치하는 데 5,000원도 들지 않은 것입니다. 온라인 전환보다 훨씬 저렴한 편이죠.

온라인과 오프라인은 연결되어 있습니다. 식당 마케팅의 최종목적은 온/오프라인를 넘어 결국 많은 사람에게 또 오고 싶은 가게의 이미지를 만드는 것입니다. 맛이 있어서, 인테리어가 이뻐서, 사장님이 친절해서, 분위기가 좋아서… 심지어는 그릇이 이뻐서, 내가 좋아하는 음악이 나와서, 알바가 잘생겨서 오는 경우도 있습니다. 고객이 오는 이유는 한 가지가 아니라는 뜻입니다. 무수히 많은 이유를, 온라인에만 의존한다고 그 성공이 지속될까요? 오프라인에서 '고객과의 접점'을 놓친다면, 결국 매출은 언젠가 빠질 수밖에 없습니다.

이는 프랜차이즈 또한 마찬가지입니다. 창업자들의 성향이 바뀌고 있습니다. 나이는 점점 어리고 똑똑해지며 창업예산은 줄면서, 매장의 크기와 매출보다는 적은 창업비와 안정성을 선호하는 추세입니다. 그러다 보니 어정쩡한 프랜차이즈보다는 확실히 작거나 확실히 큰 프랜차이즈로 양극화하고 있습니다. 소형 프랜차이즈는 '여기가 프랜차이즈였어?'라고 생각되는 곳, 큰 프랜차이즈는 '프랜차이즈는 역시 다르구먼'이라고 생각되는 대형 평수가 살아남는 시대가 왔습니다.

매장 또한 인건비를 줄일 수 있는 최신화한 AI 기술과, 오히려 오프라인에서 고객과 더 감성적인 접점을 만들 수 있는 바(다찌) 형태의 인테리어가 공존하는 시대가 왔습니다.

한번 상상해볼까요? 동네 집 앞 10평대 작은 고깃집에 슬리퍼를 신고 편하게 갔습니다. 다찌 형태의 바에 부부가 둘이 앉아 소주를 서로 따르고 있고, 앞에서는 사장님이 고기를 구워주며 도란도란 이야기하고 있습니다. 그런데 반대편 손님이 고기 추가 주문을 합니다. 혼자 운영하지만, 사장님은 당황하지 않습니다. 다른 한편에서 이미 고기 굽는 기계가 열심히 초벌을 하고 있기 때문입니다. 심지어 타지도 않고, 고기 굽는 시간도 훨씬 빠릅니다.

그래서 사장님은 이제 인건비 걱정을 안 합니다. 주휴수당을 주지도, 야근수당을 주지 않아도 됩니다. 젊은 인구가 적은 동네는 계속 알바 어플에 광고비를 써가며 글을 올릴 필요도 없습니다. 갑자기 오픈 1시간 전에 잠수타는 알바를 욕하지 않아도 됩니다.

프랜차이즈 본사의 역할도 변하고 있습니다. 어떤 AI 기술이 매장에 필요할지, 어떤 인테리어가 고객과의 접점을 더 많이 잡을지, 인건비를 줄이기 위해 어떤 시스템을 잡아야 할지, 어떤 온라인 마케팅 채널을 활용해야 오랫동안 매장을 잘 홍보할 수 있을지를 고민하는 시대가 왔습니다.

'성공할 준비가 된 사장님'은 이제 이런 시대를 충분히 누릴 수 있습니다. 계속 공부하고 매장에 적용하고 성과를 측정하고…. 이미 성공의 습관이 몸에 배 있는 사장님이라면, 이 책을 통해 더욱 큰 성공에 다가가길 바라겠습니다.

PART 1

매장 마케팅

매장 마케팅의 기본 : 창업

매장운영 또한 창업에 속한다고 볼 수 있습니다. '창업마케팅'이란, 새로운 비즈니스를 시작하는 창업자가 제품이나 서비스를 홍보하고 고객을 유치하기 위한 전략적인 마케팅 활동을 말합니다.

하지만 창업자의 입장에서 보면, 창업을 시작하면서 해야 될 것들이 너무 많기 때문에 모든 마케팅을 배우며 적용하기에는 시간과 에너지가 부족합니다. 그래서 창업 '마케팅'에 특화된 내용으로 필요한 부분만 빠르게 배우고 적용해볼 수 있도록 구성하였습니다. 아래는 '창업마케팅'

출처 유토이미지

16

이라는 큰 카테고리에서의 기본적인 전략입니다.

 1. 목표 그룹을 파악하라

 창업 마케팅 전략의 가장 중요한 부분은 고객을 파악하고 이들에게 맞춘 마케팅을 전개하는 것입니다. 창업자는 '타깃 그룹'*이 누구인지 파악하고 이들이 어떤 문제를 가지고 있는지, 그리고 이를 해결할 수 있는 제품이나 서비스가 무엇인지 파악해야 합니다.

 2. 강점을 부각하라

 창업자는 자신의 제품이나 서비스를 다른 제품이나 서비스와 비교하여 차별점을 찾아내고 이를 강점으로 부각해야 합니다. 그래서 고객이 자신의 제품이나 서비스를 선택할 이유를 만들어야 합니다.

 3. 실험과 분석 및 측정을 통해 전략을 개선하라

 창업 마케팅은 새로운 사업 및 구조를 잡는 활동이므로, 어느 정도 자리를 잡을 때까지 '안정화' 혹은 '최적화'라는 과정을 거쳐야 합니다. 그렇기 때문에 처음부터 실험과 분석 및 측정을 통해 지속적으로 아이템을 개선해야 합니다.

 이후 창업자는 자신의 전략이 잘 반영되는지 지속적으로 모니터링하고, 실패한 전략을 빠르게 수정하며 이를 대체할 수 있는 새로운 아이디

---

*타깃 그룹 고객, 구매자 등 마케팅의 목표가 되는 그룹

어를 실시간으로 테스트해야 합니다.

4. 협업을 추구하라

창업자는 다른 기업이나 개인과 협업(콜라보)을 통해 '브랜드 인지도 상승' 효과와 더불어 서로 윈윈할 수 있는 상호 보완적인 관계를 만들 수 있습니다. 그리고 이를 통해 더 많은 고객을 유치하고, 더 빠른 성장을 이룰 수 있습니다.

5. 디지털 마케팅에 집중하라

디지털 마케팅은 비용이 적게 들어가면서도 많은 고객에게 도달할 수 있는 방법입니다. 창업자는 소셜 미디어, 블로그, 유튜브 등을 활용하여 실시간으로 고객과의 소통하고, 검색 엔진 최적화SEO를 통해 타깃 그룹이 검색 시 상위에 노출될 수 있도록 노력해야 합니다.

(1) 매장 창업마케팅

창업마케팅의 세부적인 카테고리에서 매장 마케팅에 대해 알아보겠습니다. '매장 마케팅'을 하기 전 반드시 해야 하는 것이 있다면, 바로 매장 운영 프로세스부터 잡는 것입니다.

마케팅의 본질은 '물들어 올 때 노 젓는 것'입니다. 잘되는 매장을 알려 더 잘되게 만드는 것이 마케팅의 본질인데, 많은 사람들은 오해를 합니다. 잘되는데 왜 마케팅을 하냐, 잘 안되니까 마케팅을 해야 하는 것

아니냐 등 지극히 본인의 관점에서 마케팅에 대해 판단합니다.

하지만 이는 정말 잘못된 생각입니다 마케팅은 모르는 사람에게 정보를 알리는 것이고, 가고 싶도록 포장하여 전달하는 행위입니다. 그렇다

	미래회관 오픈 체크리스트 - 홀	확인	특이사항
1	착화기 물통에 물 채우기	[　]	
2	화장실 청소 남, 여(화장지, 핸드타올 등 구비물품 확인)	[　]	
3	홀 바닥 청소 및 테이블, 의자 상태 확인	[　]	
4	홀 바닥 기름때 물청소(매주 화요일 금요일)	[　]	
5	티오더 배터리 확인하기	[　]	
6	테이블 닥트관 외부 기름때 확인 후 닦기	[　]	
7	홀 반찬그릇 청결상태 확인 / 반찬 마르기 않게 유지하기	[　]	
8	홀 반찬냉장고 청결상태 확인	[　]	
9	테이블 불판, 링 청결상태 확인 / 물받이에 물 있는지 확인	[　]	
10	반찬 여유분 미리 종지 세팅하기	[　]	
11	와인잔, 언더락잔, 샷잔, 핸들링상태 확인	[　]	
12	음료 제조 Bar 청결상태 및 재료 충분한지 확인	[　]	
13	생맥주관 청소하기(월, 수, 금, 토)	[　]	
14	유리창 닦기(매주 일요일)	[　]	
15	쓰레기통 비워져 있는지 확인	[　]	
16	냅킨통에 냅킨, 물티슈 채워져 있는지 확인	[　]	
17	앞접시 및 식기류 청결상태 확인	[　]	
18	가위 집게 청결상태 확인	[　]	
19	냉장고에 주류, 음료, 생수 충분히 채워져 있는 지 확인	[　]	
20	옷봉투, 앞치마 구비 확인	[　]	
21	매장 외부 담배꽁초 및 쓰레기 치우기	[　]	
22	카운터 위 지저분하지 않게 정리하기	[　]	

출처 미래회관 홀 오픈 체크리스트

면 고객의 입장에서 충분히 맛있고 인기가 많아 잘되고 있는 곳을 가야 만족도가 높지, 잘 안되는 곳을 가고 싶지는 않을 것입니다.

잘되는 곳은 내부 운영 프로세스가 잘 잡혀 있고 언제가 같은 맛과 서비스를 경험할 수 있는 곳입니다. 다시 말해 '또 가고 싶은 곳'인 것입니다. 그러지 않은 곳은 아무리 마케팅을 해서 신규고객을 유치한다 하더라도 재방문율이 떨어질 수밖에 없습니다. 밑빠진 독에 물붓기인 것입니다. 그렇다면 내부적으로 운영 프로세스를 잘 잡기 위한 항목들을 정리해 보고, 체크리스트화 해서 지속적으로 점검하도록 하는 것이 중요합니다.

매장 운영 프로세스 반영 항목

1. 메뉴 개발

신 메뉴를 개발하고, 메뉴개선을 통해 맛의 퀄리티를 높이는 것이 중요합니다. 또한, 질 좋고 신선한 재료를 사용하는 것처럼 보이도록 플레이팅 하는 것이 비주얼적으로 고객에게 더 큰 만족감을 줄 수 있습니다.

2. 서비스와 분위기

식당 분위기와 서비스 방법을 지속적으로 개선해 고객을 만족시키는 것이 중요합니다. 이를 위해서 서비스에 대한 부분도 꼼꼼히 체크해야 하며, 분위기에 대한 부분(조명, 인테리어, 채광, 동선 등)도 구체적으로 다양하게 테스트 해보는 것이 좋습니다.

3. 직원 관리

직원은 최대한 비용이 적게 들어가는 방향으로 운영해야겠지만, 가장 중요한 부분은 효율적으로 관리하는 것입니다. 그러기 위해서는 내부적인 교육시스템과 인수인계 방법, 인건비의 효율적인 사전계획 등 문서화 가능한 부분은 최대한 리스트업 하는 것이 좋습니다.

4. 예산 관리

창업 시작부터 월/분기/반기/연 단위로 예산을 체계적으로 관리해야 합니다. 그러기 위해선 인건비, 재료비, 광고비, 고정비 등을 처음부터 제대로 분류해야 하며, 이렇게 예산관리를 잡아놔야 수익에 대한 부분을 정확히 측정할 수 있습니다.

매출이 적을 때는 입출금 내역이 많지 않아 파악하기 어렵지 않으나, 월 매출이 3,000만 원을 넘어가게 되면, 입출금 관리 및 정리에 들어가는 시간도 만만치 않아집니다. 그럴 때는 자동 입출금이 연동되는 'ERP 프로그램'을 사용해 보는 것을 추천합니다. 만약 다점포를 운영 중이라면, 이런 프로그램들을 통해 시간과 비용을 획기적으로 절약할 수 있습니다.

5. 고객 관리

고객을 관리하는 것은 마케팅 효율을 극대화할 수 있는 가장 효과적인 방법입니다. 실제 한번 방문한 고객이라면 매장 브랜드에 대한 인지도가 높을 것이고, 해당 고객을 재방문하게 만들기 위한 노력이 결국 내부 운영프로세스 구축에 큰 도움이 됩니다.

더불어 고객리뷰를 통해 매장에 대한 개선점을 도출해 낼 수 있으며, 적립금/이벤트 등 다양한 오프라인 리타게팅을 통해 적은 비용으로 재방문 효과를 극대화 할 수 있습니다.

6. 마케팅 전략

온/오프라인 전략은 대략적으로 오프라인에서는 현수막, 전단지, 지역광고 등, 온라인에서는 SNS, 블로그, 베너광고 등을 활용합니다. 그중 나의 매장에 가장 맞는 채널을 선택하고 이를 통해 신규 고객을 유치, 기존 고객에는 재방문 효과를 낼 수 있도록 지속적으로 테스트하고 점검하는 것이 중요합니다.

(2) 매장 마케팅의 기본

매장 마케팅에서 가장 중요한 것은 '고객'입니다. 이 브랜드가 인기가 많은가? 이 지역이 매출이 높은가? 등은 사실 크게 중요한 부분이 아닙니다. 매출이 높은 지역이라도 브랜드가 별로면 매출이 떨어질 수도 있고, 아무리 핫한 브랜드라도 상권이 맞지 않으면 고객들은 오지 않습니다.

하지만 내가 타깃으로 하는 고객들이 어떤 고객들인지 알면, 무조건 성공할 수밖에 없습니다. 결국 매장의 매출은 내 고객들의 지갑에서 나오는 것이고, 그런 고객들에 대해 알면 알수록 매출을 높이는 방법은 더욱 눈에 잘 보이고 손에 잡히게 됩니다.

조금이라도 내 매장의 고객들을 알 수 있는 방법이라면 다 해봐야 합니다. 연령, 직업, 사는 곳 심지어 취미까지도, 알면 알수록 고객은 점점 내 매장을 좋아하게 됩니다. 결국, 매장 마케팅의 본질도 '팬'을 만들어야 한다는 것입니다. 그러기 위해선 고객에게 '이미지 메이킹'을 해야 합니다. 그게 바로 '브랜딩'인 것입니다.

'브랜딩'은 매장의 이미지를 구성하고 고객의 인지도를 높이는 방법입니다. 구체적으로는 로고, 슬로건, 컬러, 폰트, 패키지 등을 포함하며, 매장에서 할 수 있는 경험과 가치를 고객에게 제공합니다. 그리고 이 경험과 가치가 잘 전달된다면, 주변 매장과의 경쟁에서도 우위를 점할 수 있고 안정적인 매출을 유지할 수 있습니다.

브랜딩을 하는 방법은 오프라인에서는 매장의 인테리어, 파사드, 분위기, 서비스 등이 있으며, 온라인에서는 플레이스, 블로그, 홈페이지, 인스타그램 등 홈페이지 역할을 하는 모든 채널이 이에 해당합니다. 매장 운

출처 셔터스톡

23

영 및 마케팅에 필요한 핵심 요소들은 다음과 같이 정리할 수 있습니다.

1. 전시 효과

매장의 위치는 매장의 성공과 실패를 결정짓는 중요한 요소 중 하나입니다. 코로나로 상권에 대한 메리트가 많이 사라졌다고 하지만, 여전히 유동 인구가 많은 곳에는 권리금이 형성되어 있을 수밖에 없습니다. 그래서 유동 인구가 많은 곳에서 임팩트 있는 파사드나 간판을 보여 주는 것만으로도 고객에 대한 오프라인 마케팅 전시효과를 거둘 수 있습니다.

옥된장 외부 간판 및 파사드: 조명과 넓은 외부를 통해 전시효과를 높인다

출처 옥된장 본사

2. 상품과 서비스 품질 개선

매장의 상품과 서비스 품질은 고객에게 직접적인 마케팅 효과를 올릴 수 있는 가장 중요한 요소입니다. '식당에서 가장 중요한 것은 음식 맛'인 것처럼, 가장 기본적이면서 가장 마케팅 효과가 좋은 방법입니다.

정말 맛있는 맛집이나 오래된 식당, 즉 노포는 따로 마케팅을 하지 않더라도 입소문만으로 항상 사람이 많은 이유입니다. 결국 제품과 서비스의 질은 고객의 평가과 입소문에 영향을 미치며, 매장의 매출과 수익에도 영향을 미칩니다. 따라서 매장은 고품질의 상품과 높은 서비스를 제공하기 위해 항상 노력해야 합니다.

3. 고객 서비스 개선

고객 서비스는 매장 직원들의 태도, 응대 방식 등을 포괄하여 지칭하는 말입니다. 고객은 이러한 서비스에 큰 영향을 받습니다. 물론, 욕쟁이 할머니처럼 불친절이 콘셉트인 곳도 있고 서비스가 좋지 않더라도 압도적인 맛과 질로 이를 커버하는 경우도 있습니다.

하지만 대부분의 매장에서는 서비스 경험이 좋지 않으면 고객이 쉽게 이탈하게 됩니다. 그래서 매장을 운영할 때 사전 교육 및 프로세스를 잘 구축해놓는 것이 좋습니다. 그리고 고객들과 수시로 소통해 서비스 질을 개선해 나가야 합니다.

출처 구글 이미지

4. 고객 리뷰 마케팅

고객 리뷰에 언급되는 매장 평가를 상시 모니터링하고 이에 대응하는 것도 중요합니다. 고객의 리뷰는 가장 직접적이면서 확실한 개선점을 보여 주기 때문에 이를 통해 매장의 문제점을 파악하고 빠르게 개선해 나갈 수 있습니다. 또한 고객의 긍정적인 리뷰는 마케팅 효과까지 가져 올 수 있으니 고객 리뷰를 잘 관리하고 모니터링하는 것이 매장 마케팅 에서 아주 중요한 요소입니다.

출처 아고야 네이버 플레이스 영수증 리뷰

5. 프로모션(이벤트) 마케팅

처음 오픈하는 매장이나 매출 상승이 필요한 매장의 경우, 프로모션 을 통해 고객의 관심을 높일 수 있습니다. 이를 위해서 고객(타깃)이 원 하는 프로모션이 무엇인지, 같은 상권 내의 타 경쟁 매장은 어떠한 프로 모션을 하는지 등을 잘 분석하고 파악하여 다양한 혜택과 고객의 참여 를 유도해야 합니다.

하지만 너무 과도한 프로모션이나 할인은 추후 프로모션이 종료되었을 때 매출이 떨어질 수도 있으며, 수익률이 너무 낮아 오히려 매출이 늘수록 적자가 되는 부작용도 있으니, 반드시 수익성을 따져보고 프로모션 종료 후에도 지속적으로 매출이 유지될 수 있는지도 확인해야 합니다.

출처 아고야 본사

6. 제휴 마케팅

1층에 있는 카페가 해당 건물에 있는 헬스장과 제휴를 맺어 할인을 한다든가, 타 브랜드와 협업을 통해 브랜드 인지도 상승과 매출 상승을 같이 경험한다든가 하는 방식으로 제휴 마케팅을 진행할 수 있습니다.

이는 해당 매장의 상권과 주변에 제휴 가능한 매장이 있는지 여부, 서로 상생할 수 있는 타 브랜드가 있는지 등 다양한 루트로 찾아본다면 반드시 서로 윈윈하는 제휴가 가능할 것입니다.

7. 데이터 분석

'데이터 분석'이라고 하면 뭔가 큰 매장이나 브랜드에서 해야 할 것 같이 느껴집니다. 하지만 절대 그렇지 않습니다. 오히려 데이터 분석은 데이터가 상대적으로 적은 작은 매장에, 효과적인 마케팅 툴이 될 수 있습니다. 매장에서 할 수 있는 데이터 분석은 고객 분석과 수익 분석이 있습니다.

고객 분석을 통해 내 매장의 주 고객층의 연령, 성향(1인, 커플, 가족, 회사원 등), 시간대 등을 파악하여 거기에 맞는 효과적인 마케팅 전략을 세울 수 있습니다. 예를 들어 포인트가 연동된 고객 자료를 통해 카카오 플러스 친구로 혜택이나 이벤트 푸시를 보낸다든지, 회사원이 주로 오는 점심 시간대에 회사원들만을 위한 세트 메뉴를 만들어서 적용한다든지 하는 것들입니다. 고객 분석을 통해 점점 더 정확하고 세밀하게 데이터를 알수록, 매출은 늘어날 것입니다.

수익 분석을 통해 가장 잘나가는 상품과 메뉴를 파악하여 이를 더 강

출처 구글 이미지

조할 수 있는 마케팅 전략을 세울 수 있고, 인기가 없는 메뉴를 제외하여 손실률을 낮출 수 있습니다. 이뿐만 아니라 고객 분석과 연계하여 고객이 많이 오는 시간대의 인건비 등을 계산하여, 수익이 극대화될 수 있도록 직원 관리를 할 수도 있습니다.

마케팅 채널 선택 기준

마케팅 채널은 매장의 제품과 서비스를 홍보하고, 고객과 소통을 유지하는 데 매우 중요한 역할을 합니다. 하지만 모든 매장에 동일한 마케팅 채널을 적용할 수는 없습니다. 상권이나 매장의 업종, 고객층의 연령대 및 객단가 등 다양한 요소들을 고려해보고, 나의 매장에 맞는 가장 효과적인 채널을 선택해야 합니다.

하지만 채널 선택에 있어서도 가장 중요한 요소가 있습니다. 바로 '나의 고객들이 어떠한 채널을 많이 이용하는가'입니다. 연령층이 높은 동네 국밥집은 SNS보다는 전단지나 현수막이 더 나을 것이고, 인증샷을 찍기 좋거나 플레이팅이 잘 되어 있는 브런치 카페는 인스타그램이 효과적일 것입니다.

그렇다고 고객이 많이 이용하는 채널에서 반드시 성공하리란 보장도 없습니다. 고객의 긍정적인 리뷰와 가보고 싶을 정도의 이미지, 고객과 수시로 소통하며 쌓은 커뮤니케이션 브랜딩 등 채널을 어떻게 관리하느냐에 따라서도 마케팅의 성패가 좌우됩니다.

출처 구글 이미지

오프라인 지역 마케팅

오프라인 매장이 있다면, 지역 마케팅을 통해 고객과 친밀도를 더욱 높일 수 있습니다. 매장의 파사드나 위치를 통해 고객들이 해당 매장의 브랜드를 인지하고 있다면 신뢰도가 높아집니다.

이런 상태에서 신규고객과 단골을 만들 수 있는 전략을 세우고, 다양한 프로모션을 통해서 지역고객을 지속적으로 유치해 안정적인 매출을 유지하는 전략을 반드시 구축해야 합니다.

온라인 마케팅

온라인 채널을 통해서도 고객 마케팅을 진행할 수 있습니다. 새로운 제품, 할인 이벤트, 시기별 프로모션 등 오프라인과 연계할 수 있는 콘텐츠를 기획, 제작하고 온라인을 통해 지속적으로 알리면서 브랜드를 인지시키고 신규고객을 유치할 수 있습니다.

10년 전만 하더라도 온라인 마케팅이라고 하면 네이버나 이메일 마케팅 정도만 생각했지만, 최근 10년 동안 미디어와 온라인의 급격한 발전으로 다양한 온라인 채널이 생겨났고 선택할 수 있는 채널의 폭도 늘어

났습니다.

네이버 중에서도 블로그, 맘카페, 플레이스, 밴드, 파워콘텐츠 등 다양한 매장 광고 카테고리가 있으며, SNS에서는 페이스북, 인스타그램, 틱톡, 트위터 등 젊은층을 공략할 수 있는 채널이 있습니다.

그리고 유튜브, 구글 등 영상과 미디어를 활용한 마케팅까지 영역이 확장되면서 채널 선택의 중요성이 더욱 부각하고 있습니다.

온라인 마케팅 채널 정리

좀 더 구체적이고 실전에 도움이 될 수 있도록 외식업에 반드시 필요한 마케팅 채널들을 파헤쳐보려 합니다.

먼저, 외식업 마케팅에서 대상(타깃)을 나누는 기준을 알아야 합니다. 바로 '고객이 누구냐'입니다. 예를 들어 본사가 프랜차이즈 가맹점 모집 광고를 한다면 고객은 '예비창업자'일 것이고, 매장에서 마케팅을 한다면 고객은 '매장방문 손님'일 것입니다.

물론, 예비창업자가 예비고객일 수도 있지만 그 두 대상은 특성 자체가 다르기 때문에 반드시 구분해서 마케팅 채널과 전략을 수립해야 합니다.

그 이유는 예비창업자가 구매하는 '창업'이라는 아이템은 매우 고관여 제품*이고 '매장방문 손님'이 구매하는 음식은 저관여 제품*이기 때문입니다.

＊고관여/저관여 제품 비용을 많이 지불하는 제품이냐 적게 지불하는 제품이냐의 차이

고관여 제품은 절대로 한 번에 구매하지 않습니다. 비용이 많이 드는 만큼 여기저기서 계속 찾아보고 고민하고 구매를 결정합니다. 반면 저관여 제품은 광고를 한 번만 보고도 바로 구매가 가능합니다. 이렇게 고객들의 특성이 다르기 때문에 각각 처음부터 특성에 맞는 전략을 세워야 합니다.

저관여, 고관여 제품은 마케팅 전략부터 다르게 세팅해야 한다

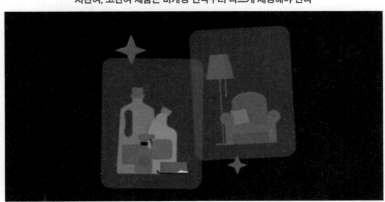

출처 디지털 인사이트 매거진 김성지

매장 광고 마케팅

앞서 설명했듯이 매장광고 마케팅은 예비고객을 대상으로 하는 저관여 제품군에 속합니다.

그래서 많은 정보보다는 한 번의 임팩트가 더 중요합니다. 예를 들어 비주얼이 좋은 이미지를 보여준다든가, 다양한 이벤트를 보여 주어 빨리 방문하도록 유도한다든가, 유명한 사람이 추천해서 맛에 대한 믿음을 준다든가 하는 등 다양한 방법이 많습니다.

그래서 많은 정보를 담을 수 있는 포털사이트 마케팅 채널(블로그, 카페, 홈페이지 등)보다는 이미지나 비주얼로 임팩트 있게 보여 주기 좋은 SNS 마케팅 채널(인스타, 유튜브, 틱톡)이 더 효율적입니다.

그런데 효율이 좋다고 SNS 마케팅 채널만 하는 것이 맞을까요? 정답은 '아니다' 입니다. 주변에서 가끔 이런 이야기 많이 들어보셨을 겁니다. "요즘 인스타는 무조건 해야 돼." "유튜브로 먹방 찍으면 대박 나." 등 단편적인 성공 사례만 가지고 마케팅 채널의 효과를 많이 판단하는데, 이런 생각이 '가장 빨리 망하는 지름길'이라고 할 수 있습니다.

여기서 반드시 구분해야 할 마케팅 방식이 하나 있습니다. 바로 '바이럴 광고Viral Marketing'와 '유료 광고Paid Marketing'의 차이입니다.

'바이럴 광고'와 '유료 광고' 구분은
외식업 마케팅에서 가장 중요 핵심입니다.

'바이럴 광고'는 인플루언서, 맘카페, 맛집페이지/계정, 유튜버 등 많은 팔로워나 구독자를 보유하고 있어 영향력이 큰 채널에 협의한 비용을 주고 광고를 진행하는 방식입니다.

'유료 광고'는 말 그대로 광고비를 충전해서 원하는 조건에 맞추어 광고를 송출하는 방식입니다. 페이스북/인스타 스폰서 광고, 유튜브/구글 광고, 네이버 GFA나 카카오 비즈보드 광고 등이 이에 해당합니다.

출처 인텐트 뉴스레터 조익준 칼럼

이 차이가 채널 선택보다 훨씬 더 광고 효율에 큰 영향을 줍니다. 단순히 '인스타'가 나을까 '네이버'가 나을까? 라는 질문보다, '인스타 인플루언서 광고'가 나을까 '인스타 맛집계정 스폰서 광고'가 나을까라는 질문이 훨씬 나은 결과를 가져올 수 있다는 뜻입니다.

바이럴 광고는 단타성입니다. 물론 나중에 브랜딩을 위한 사례로 활용할 수는 있겠지만, 광고를 진행하고 어느 정도 기간이 지나면 매출로 직결되는 직접적인 효과가 떨어질 수밖에 없습니다.

하지만 유료 광고에 비해 기간 대비 효과는 훨씬 좋습니다. 짧은 시간에 매출에 직접적으로 영향을 주어야 하는 매장광고에는 더할 나위 없죠. 한 번의 임팩트가 구매로 바로 이어지는 저관여 제품에는 딱 알맞은 방식입니다.

반대로 유료 광고는 지속성이 강점입니다. 내가 원하는 시기, 장소,

대상에게 비용만 충전하면 언제든지 광고를 보여줄 수 있습니다. 하지만 바이럴 광고처럼 짧은 기간 동안 임팩트를 주면서 큰 성과를 내기는 힘들죠.

바이럴 광고가 '짧고 굵게'라면 유료 광고는 '얇고 길게' 정도의 느낌이라고 보시면 됩니다. 그래서 오랫동안 지속적으로 고객들에게 노출해야 하는 고관여 제품에는 유료 광고가 적합하다고 볼 수 있습니다.

네이버

다양한 마케팅 채널들이 존재하지만, 가장 대표되는 채널들 위주로 보도록 하겠습니다. 먼저 '네이버'는 검색 기반의 포털이기 때문에 직접적인 성과보다는 정보를 지속적으로 노출할 수 있는 방식으로 활용하는 것이 좋습니다.

네이버 광고 역시 다양하기 때문에 내 브랜드에 맞는 채널을 잘 선택해야 한다

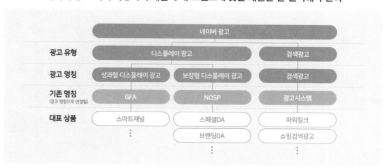

블로그 체험단

해당 매장을 찾아보는 이들이 매장 사진과 메뉴 등 다양한 정보를 볼 수 있도록 지속적으로 쌓아가야 합니다. 이제는 고객들은 블로그를 정보를 얻기 위해 찾아보지 설득되기 위해 찾아보지는 않습니다.

그리고 또 한 가지 중요한 것은 한 달 이내의 최신블로그를 지속적으로 유지해야 한다는 것입니다. 해당 매장을 찾아봤는데 블로그가 너무 옛날 것이면 사람들은 '어? 여기 블로그가 옛날 거네…, 영업 안 하나? 인기가 없나?'라고 생각할 수 있기 때문입니다.

플레이스 광고

불과 1~2년 전 까지만 해도 플레이스 상위노출에 대한 경쟁이 매우 치열했습니다. 그래서 네이버가 플레이스 광고 영역을 만들어 버렸습니

출처 네이버 광고 가이드

다. 하지만 모든 매장이 플레이스 광고가 잘 되는 것은 아닙니다.

플레이스 광고가 가장 잘 먹히는 매장은 A급 상권입니다. 아무래도 경쟁이 치열하고 방문자가 많은 핫플에서 플레이스 광고는 가장 잘 먹히고 B급 이하의 상권에서는 플레이스 광고보다는 당근마켓 광고를 추천합니다.

페이스북/인스타그램

앞서 설명했던 것처럼 매장 마케팅은 SNS 바이럴 광고가 가장 효과가 좋습니다. 하지만 이것이 능사는 아닙니다. 매장의 컨디션과 매력도, 시기, 채널/인플루언서에 따라 성과가 크게 달라질 수 있기 때문입니다. 그렇다 하더라도 기본적으로 매장 오픈, 신메뉴 출시, 이벤트 등 큰 이슈가 있고, 이를 활용하기 위해서 광고를 할 때는 가장 효과적인 방법입니다.

그리고 이런 바이럴 채널(맛집 계정/인플루언서)을 활용하여 어느 정도 콘텐츠의 성과가 검증되면, 이후에는 해당 콘텐츠나 유사한 콘텐츠로 유료 광고를 진행해보는 것도 좋습니다.

메타 광고도 조건에 따라 광고관리자 vs 게시물 홍보 광고로 나뉜다

유튜브

바야흐로 유튜브 전성시대입니다. 남녀노소 관계없이 독보적인 채널입니다. 심지어 태어난 지 몇 달 안 된 아기도 '광고 건너뛰기'를 할 줄 아는 세상입니다. 앞서 설명했던 바이럴과 유료 광고의 차이를 알고 있는 상태에서 유튜브를 활용할 수 있어야 합니다.

유튜버들에게 바이럴 광고를 진행할 수 있고, 유튜브 유료 광고를 적은 비용으로 지속적으로 진행할 수도 있습니다. 하지만 이는 매장의 컨디션에 따라 다릅니다. A급 이상의 상권에서는 어느 정도의 예산이 있다면 유튜버를 활용한 바이럴 광고를 추천합니다.

하지만 유튜버를 쓴다는 것 자체가 다른 채널보다 많은 예산을 필요로 하기 때문에 B급 이하는 추천하지 않습니다. 오히려 유튜브 유료 광고는 커머스(온라인 판매)에 더 알맞습니다.

홈피드   영상 시청 페이지   검색 결과

출처 유튜브 광고 가이드

유튜버를 통해 만든 콘텐츠를 활용하여 유료 광고 콘텐츠를 만들고, 지속적으로 자사몰(커머스몰)로 유입시키는 방법을 쓴다면 가장 효율적으로 커머스 매출을 올릴 수 있을 것입니다.

당근마켓

매장광고는 기본적으로 예산이 많지 않습니다. 정말 큰 매장이나 본사직영점이 아니라면, 매장에서 나온 수익으로 비용이 많이 드는 광고를 진행하기란 쉽지 않습니다. 그래서 쓸 수 있는 채널도 제한적입니다. 하지만 그만큼 적은 예산을 잘 활용한다면 매장 운영에 큰 보탬이 됩니다.

그런 채널이 바로 당근마켓입니다. 당근마켓에는 소상공인을 위한

당근마켓 광고도 카테고리별로 다양하게 선택할 수 있습니다

▲피드광고
동네 이웃 2명중 1명이 사용하는 중고거래 홈에 노출

▲검색광고
우리 가게에 관심 있을 만한 이웃의 검색결과에 노출

출처 당근마켓 광고 가이드

다양한 광고를 적은 비용으로 이용할 수 있습니다. 쿠폰을 발행해서 단골을 모은다든가, 오픈 이벤트 홍보 등 다양한 활용뿐만 아니라 다른 채널들과 달리 쌍방향 커뮤니케이션 기능도 있습니다.

    당근을 자주 쓰시는 분들은 알 테지만, 동네업체의 광고에 달린 수많은 댓글들을 심심찮게 보실 수 있습니다. 돈을 많이 안 들이면서 소통과 관리로 매출을 올려볼 생각을 하시는 분들에게는 가장 큰 도움이 될 수 있습니다.

마케팅 꿀팁(노하우) 모음

매장 마케팅을 위해 어떤 채널을 선택하느냐도 중요하지만, 해당 채널에서 어떻게 세팅하고 마케팅할 것인가도 매우 중요합니다. 단순히 광고비만 조금 써 봤다고, '이 채널은 내가 해봤는데 크게 효과 없었어'라고 생각하는 분들이 많습니다.

하지만 반대로 생각해보면, 그만큼 제대로 세팅을 못하고 고객들의 공감도 이끌어 내지 못했다는 뜻입니다. 결국 마케팅은 고객들의 생각을 읽고 니즈를 찾아서 공감을 이끌어 내는 과정입니다.

그래서 내 브랜드(가게)에 오는 고객들의 성향을 미리 파악하여 유입 경로를 확보하고, 신규/단골 고객을 위한 마케팅 전략을 따로 수립하며, 경쟁사 벤치마킹을 통해 검증되고 효과적인 콘텐츠를 구성해야 합니다.

1. 고객 유입경로를 파악하라

고객의 유입경로에 따라 마케팅 전략은 완전히 달라집니다. 배달이 많은지 포장이 많은지 매장 손님이 많은지에 따라 달라지기도 하며, 인터넷을 미리 찾아보고 오는 손님이 많은지 지나가다가 들리는 유동 인구 고객이 많은지에 따라도 달라집니다.

고객 유입경로의 제대로 된 파악은 매출로 연결됩니다

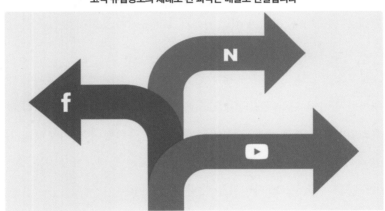

출처 구글 이미지

배달이 많은 매장은, 배달앱을 통한 마케팅 전략이 중요할 것이며, 리뷰이벤트에 집중하는 것이 가장 효과적입니다. 같은 동네에 같은 업종의 식당에서 배달앱 상위 10위 안에 있는 곳은 어떻게 리뷰이벤트를 하는지만 파악해도, 지금 우리 가게에서 해야 할 일들이 무엇인지 바로 알 수 있습니다.

포장이 많은 경우에는, 포장에 같이 넣을 전단지나 굿즈 등에 집중하는 것이 가장 효과적일 것입니다. 하지만 포장 또한 배달앱을 통한 포장인지 전화 주문을 통한 포장인지 유동 인구를 통한 포장인지를 파악해서 거기에 맞는 전략을 세워야 할 것입니다.

매장고객이 많은 경우에는, 네이버 플레이스 영수증 리뷰나 블로그/인스타그램 이벤트를 통해 마케팅 효과를 극대화할 수 있습니다. 영수증 리뷰의 경우에는 미리 1차로 영수증을 끊어놓고 기다리는 동안 리뷰 요청을 해서 바로 서비스를 받을 수 있도록 한다면 마케팅 효과는 더욱 커질 수 있습니다. 하지만 이런 권유가 고객들에게 오히려 반감을 살 수도 있으니 조심해야 할 것입니다.

블로그/인스타그램 같은 경우에는 전문으로 하는 체험단 업체나 대행사를 찾아서 의뢰해도 되지만, 처음부터 추천하는 않습니다. 조금 수고스럽더라도 직접 해보고 나서 맡기는 것을 추천합니다. 아무래도 직접 할 수 있는 상태에서 맡기는 것과 할 줄 모르는 상태에서 맡기는 것은 마케팅 효과에서 크게 차이가 날 수밖에 없습니다.

블로그 같은 경우, 내 식당이 노출되면 도움이 될 검색 키워드들(00동 맛집, 00시맛집 추천 등)을 미리 쳐 보고 블로그탭에 나오는 20~30등까지의 블로거들에게 직접 쪽지를 보내서 섭외해보시는 것도 한 가지 팁인데 그렇게 하면 두 가지 큰 장점이 있습니다.

첫 번째, 이미 해당 키워드로 상위노출 된 블로거이기 때문에 해당 키워드로 다시 상위노출 될 가능성이 상당히 높습니다.

두 번째, 이미 해당 키워드로 포스팅을 했다는 것은, 적어도 우리 식당에 올 가능성이 매우 높다는 뜻입니다. '00동 이자카야'라는 포스팅을 한

블로그 체험단을 전문적으로 모집하는 사이트나 앱을 활용하는 방법도 좋다

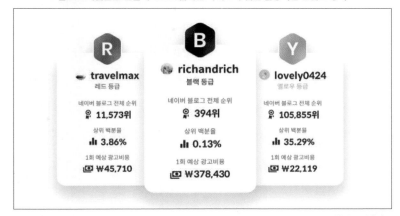

출처 슈퍼멤버스

사람은 적어도 그 근처에 살거나 해당 지역을 방문하기 용이한 상황이라는 뜻이죠.

인터넷을 통해 미리 알아보고 오는 고객이 많은 곳은, 플레이스 광고를 반드시 해야 합니다. 대부분의 사장님들은 플레이스를 '지도에 노출된 정보' 정도로만 생각하는 경향이 큰데, 절대 그렇지 않습니다.

플레이스는 '지도 카테고리에 있는 홈페이지'라고 생각해야 합니다. 그리고 내 홈페이지이므로 최대한 정성을 들여서 꾸미고 관리해야 합니다.

이렇게 플레이스가 세팅되면, 플레이스 유료 광고나 SNS, 인스타그램 등을 통해 고객 유입을 위한 마케팅도 진행해야 합니다. 인터넷을 통해 유입이 되는 고객이 많은 매장은 소문만 잘 나면 높은 매출을 올릴 수 있지만, 그만큼 또 잘못되었을 때 매출이 갑자기 떨어질 확률도 높습니다.

이뿐만 아니라 매출이 높아지면 인건비, 마케팅 비용 등 매출과 함께 올라가는 비용도 많아지기 때문에 더욱 신경 써서 관리해야 합니다.

유동 인구가 주 고객인 매장은, 전단지나 현수막, 동네 광고나 오프라인 이벤트 등 온라인 보다는 오프라인에 포커스를 맞추어 마케팅 전략을 짜야 합니다. 따라서 유동 인구의 동선을 잘 파악해서, 가족 단위의 고객이 많은지 오피스 상권의 직장인이 많은지 1인 가구가 많은지 등을 통해 전략을 세분화할 수 있습니다.

가족 단위의 아파트 유동 인구가 많은 곳은, 아파트 단지에 비치할 수 있는 전단지 광고나 맘카페 등을 활용한 커뮤니티 광고가 효과적일 것입니다. 오피스 상권의 유동 인구가 많은 곳은 전단지나 이벤트 등을 통한 전략을 짜야 할 것이고, 1인 가구가 많은 곳은 메뉴 구성에 포커스를 맞추어 단골을 끌어 올릴 수 있는 방법으로 전략을 짜야 할 것입니다.

2. 단골고객을 확보하라

단골고객은 b급 이상의 상권에서 가장 주요한 매출원입니다. 옛날처럼 전 연령층과 모든 성별이 좋아하는 가게는 이제 찾아보기 힘든 시대입니다. 그래서 단골로 오는 고객들의 성향과 특성(가족 단위, 회사원, 커플, 나이대 등)을 잘 파악하여 단골률을 최대로 끌어올릴 수 있도록 해야 합니다.

그러기 위해서는 먼저 현재 단골인 고객들의 연락처나 개인정보를 활용하여 다양한 혜택을 주는 이벤트를 기획해야 합니다. 예를 들어 쿠폰이 그 대표적인 사례입니다. 그리고 포스기와 연동된 포인트 프로그

출처 유토이미지

램을 통해 2회 이상 카드를 사용한 고객을 단골로 분류하고, 2~3회/4~5회/5회 이상으로 단골의 등급을 구분해 다양한 쿠폰/혜택 등을 푸시로 보내면 기존 단골이 올 확률은 더 높아집니다. 그리고 이런 단골들이 다른 고객들을 데리고 올 수 있으므로 기존 단골을 오프라인을 통한 리타기팅 효과도 상당히 기대해 볼만합니다.

　이제는 개인화 시대입니다. 우리 가게에 오는 사람들도 다 같은 이유로 오지 않습니다. 미리 찾아보고 오는 사람도 있고 지나가다 맛있어 보여서 오는 사람도 있습니다. 메인 메뉴가 좋아서 오는 사람도 있지만, 사이드 메뉴 때문에, 친절한 사장님 때문에, 이쁜 인테리어 때문에 오는 사람 등 다양한 이유가 있습니다.

　이런 부분들을 잘 어필하도록 마케팅 슬로건이나 카피를 기획해야 합

출처 유토이미지

니다. 그리고 이런 내용을 정리해서 블로그 체험단/영수증 리뷰/배달어
플 리뷰/SNS 마케팅 등에 일관된 내용으로 보여 주어야 합니다.

"이 가게 저는 벌써 이번 달에만 5번째 와요… 여기 메인 메뉴는 마약
같아요… 계속 생각나요."

"여기 오면 맘이 편해져요. 사장님이 친절하시고 음식도 너무 집밥 같
아서, 집 생각날 때면 여기 와요…."

이렇게 단골 전략을 식당의 핵심 슬로건으로 잡는다면 높은 단골률을
어필하는 것도 하나의 전략입니다. 일산에 어느 냉면집은 여자 사장님
이 매일 메뉴를 바꿔가면서 먹방하는 영상을 하루에 하나씩 약 10초씩
찍어서 인스타그램에 올립니다.

출처 유토이미지

　그곳에 오는 인스타를 하는 젊은 고객들에게는 그 여자 사장님이 처음 보더라도 친숙하게 보입니다. 그로 인해 단골률은 더 올라갑니다.

　이제는 사장님이 다양한 매체를 통해 충분히 셀럽이 될 수 있는 시대입니다. 또한 다양한 브랜드 인지 및 어필을 통해 한 번 온 고객도 단골로 만들기 쉬운 세상입니다.

　꼭 방문을 했을 때만 단골로 만들 수 있다는 생각은 구시대적 발상입니다. 이미 고객과 직원과의 접점이 있다면, 그것만으로도 단골이 되는 것입니다.

　그리고 이런 단골과의 접점을 통해 다양한 의견도 수렴할 수 있습니다. 밥 먹고 있는데 갑자기 와서 "설문조사 좀 해주세요."라고 하면 다들 당황할 것입니다.

그 방법 대신에 인스타를 통해 설문조사를 할 수도 있고, 설문지 폼을 통해 URL을 작성하도록 유도하여 서비스 개선 방안을 피드백 받을 수 있습니다.

출처 유토이미지

예를 들어 나가는 고객에게 QR코드를 계산대에서 찍도록 하여 설문 조사를 보내면 플러스 친구로 '다음 방문 시 10% 할인'이라든지 '무료 음료쿠폰'으로 보내 줄 수도 있습니다.

중요한 것은 고객들이 기쁘게 피드백을 할 수 있도록 환경을 만들고 다양한 기획을 해보는 것입니다.

어느 호프집은 1차 주문을 하고 리뷰를 쓴 고객들을 대상으로 '돌려돌려 돌림판'이라는 게임을 통해 꽝 없는 이벤트를 제공하자, 리뷰 작성률이 2배가 넘게 뛰었습니다.

　고객 또한 리뷰를 하기 싫어하는 게 아니라 리뷰를 할 명분을 못 찾고 있었다는 뜻이죠. 이처럼 고객에게 명분을 주는 것, 그것이 바로 제대로 된 마케팅입니다.

출처 유토이미지

3. 경쟁사 벤치마킹

　마케팅에서 가장 중요한 노하우를 하나 꼽으라면, 단연 '벤치마킹'이라고 할 수 있습니다. 그 이유는 이미 성공한 곳에서 검증한 방법을 가져오는 것만큼 확실한 방법은 없기 때문입니다. 더불어, 경쟁사와 비교

출처 셔터스톡

하다 보면 자사 브랜드의 약점을 개선하는 데도 큰 도움이 됩니다. 이에 외식업에 적용할 수 있는 벤치마킹 사례를 정리해 보겠습니다.

1) 배달브랜드

외식업에서 벤치마킹이 가장 잘 이루어지는 곳은 단연 배달브랜드입니다. 일단 배달은 배달앱 마케팅이 압도적인 비중을 차지하고 있으므로, 리뷰이벤트가 가장 중요합니다. 리뷰이벤트를 잘 설정하고 효과적으로 운영할 수 있는 방법은, 타사 브랜드의 리뷰이벤트를 벤치마킹하는 것입니다.

먼저 내 지역에 맛집 랭킹 1~10위에 드는 곳들의 리뷰이벤트를 전부 캡처합니다. 그리고 한 페이지에 나오도록 프린트해서 내 브랜드에서 적용할 수 있는 리워드나 리뷰이벤트 내용을 체크합니다. 그다음 체크한 내용들만 따로 정리해 다양하게 조합해보면서 리뷰이벤트를 만들고 적용해 봅니다.

한 가지 팁을 더 드리자면, 자체 PB 상품을 기획하는 것도 효과가 매우 좋습니다. 프랜차이즈 본사도 아니고 어떻게 자체 상품을 만드냐고 생각할 수 있지만, 100개짜리 벌크 텀블러나 컵에 브랜드 로고를 새겨 주문하는 건 전혀 어렵지 않습니다. 그리고 해당 자체 상품을 매장에서 비싸게 진열해놓고 리워드로 제공하면, 상대적으로 비싸다고 느껴지는 리워드를 제공할 수 있습니다.

출처 셔터스톡

2) 매장이 있는 브랜드

매장이 있는 브랜드의 경우, 자체적으로 운영하는 채널이 다양합니다. 먼저 플레이스가 될 수도 있고, 인스타그램 계정, 당근 계정, 페이스북 페이지, 유튜브 채널 등 매우 다양한 채널로 마케팅을 진행합니다.

그런 채널들마다 동종 브랜드 중 계정 운영을 가장 잘하는 곳들 1~5개 정도를 찾습니다. 그리고 해당 계정에서 가장 효과가 좋고 임팩트가 있는 게시물을 찾고, 내 브랜드에 적용할 수 있는지 체크합니다.

그다음 실시간으로 그런 계정에서 오는 피드나 알람을 참고하다 보면, 특정 시기나 상황에서 가장 효과적이고 유행하는 마케팅 콘텐츠를 파악할 수 있습니다.

출처 유토이미지

3) 대행사를 통한 성과 공유 및 벤치마킹

아무리 프랜차이즈 본사라고 하더라도 모든 마케팅을 본사에서 직접할 수는 없습니다. 특정 부분에서는 대행사를 쓸 수밖에 없습니다. 그래서 지속적인 대행사 접촉 및 미팅을 통해 다른 경쟁사의 마케팅 방법과 내용을 파악하고 벤치마킹해야 합니다.

경쟁사의 마케팅 전략이 어떠한 것인지, 어느 채널을 활용했고 어느 정도 예산을 편성해서 얼마만큼의 성과가 나왔는지를 알 수 있습니다.

그러면서 자신의 브랜드가 경쟁사 대비 어떤 부분에서 부족한지, 보완해야 할지를 객관적으로 파악하고 새로운 전략을 수립할 수 있습니다.

출처 구글

4) 트렌드 파악을 통한 벤치마킹

요즘 트렌드가 뭔지를 아는 것 또한 중요한 벤치마킹 수단이 됩니다. 고객들이 원하는 니즈를 파악해 신메뉴에 반영할 수도 있고, 고객들이 원하는 콘셉트의 인테리어나 소품들을 통해 리뉴얼 방향을 잡을 수도 있습니다.

물론, 처음에 잡은 브랜드 아이덴티티를 해지지 않는 선에서 이루어져야겠지만, 아무리 잘 잡은 브랜드라 할지라도 업력이 오래되다 보면 자칫 올드한 느낌을 줄 수 있으므로 내부 인테리어나 신메뉴 등 트렌드

출처 셔터스톡

를 잘 반영하는 브랜드라는 느낌을 어필하는 것도 매우 중요한 이미지 메이킹의 방법입니다.

5) 설문조사를 통한 벤치마킹

설문조사라고 거창하게 생각하면 절대 안 됩니다. 설문조사의 항목보다는, 목적에 중점을 두어야 하기 때문입니다.

예를 들어, 1년 내내 같은 설문조사를 하기보다는 적당한 리워드(음료, 서비스 등)를 걸고 필요에 따라 간단한 설문조사만 하면 충분합니다.

예를 들어 다양한 목적에 따라 고객의 의견이 궁금하다면,

1 음식 맛/가격은 어떤지 별점으로 평가해 주세요.

1-1 음식에서 아쉬운 부분이 있으면 가감 없이 의견 주세요.

2 직원의 서비스는 어떤지 별점으로 평가해 주세요.

2-1 어떤 부분이 아쉬웠나요? 아쉬운 부분에 대해 가감 없이 의견 주세요.

3 매장의 분위기는 어떤지 별점으로 평가해 주세요.

3-1 어떤 부분이 보완되면 좋을까요? 좋은 의견 있으면 편하게 의견 주세요.

4 어떤 경로를 통해 방문하게 되었나요?

이런 식으로 항목별로 별점과 간단한 의견 정도만 넣어도 충분히 원하는 목적을 달성할 수 있습니다. 이런 설문조사 피드백을 통해서 강점과 취약점을 파악해서 개선할 수 있으며, 나아가 고객의 의견 중 좋은 아이디어나 제안을 얻는다면 그 내용이 결국 설문조사를 통한 벤치마킹이 되는 것입니다.

출처 셔터스톡

고객을 늘리기 원할 때 고객에 대해 가장 잘 알 수밖에 없는 사람은 결국 고객입니다. 그리고 직접 방문한 고객이라면, 적어도 내가 방문한 매장이 더 맛있고 방문하고 싶어진다면 절대 싫어할 리는 없겠죠.

또한 고객을 통해 구매경로를 파악하면 어떤 마케팅 전략을 적용할지 알기 쉽습니다. 유동 인구로 유입되는 고객이 많은지, 온라인 정보를 통해 유입된 고객이 많은지에 따라 마케팅 전략은 완전히 달라집니다.

다음은 매장 설문조사에 참고할 만한 항목들입니다.

1. 상품/메뉴 선호도: 고객이 어떤 상품/메뉴를 선호하는지를 조사하여, 매장에서 제공하는 상품/메뉴를 구성할 수 있습니다. 또한 고객이 선호하는 상품/메뉴를 보완하는 새로운 상품/메뉴 개발에도 도움이 됩니다.

출처 유토이미지

2. **재방문 고객 이유 파악:** 상품/메뉴의 선호도 등의 요인에 따라 재방문 여부가 결정됩니다. 고객의 재방문 의사를 파악하여 재방문을 유도하기 위한 전략을 수립할 수 있습니다.

3. **지인 추천 의사 확인:** 고객이 매장을 추천할 의사가 있는지, 그 이유는 무엇인지 등의 설문조사를 진행하여 강점과 약점을 찾습니다.

   EX) 식사(맛, 양, 가격 등), 서비스(친절함, 응대 등), 매장 분위기(인테리어, 음악, 조명 등)

4. **개선사항 관련 질문:** 개선이 필요한 부분이 있는지 여부, 어떤 부분이 개선되길 원하는가에 대한 질문

매장 마케팅 성공 사례:

소고기 화로구이 유한 리필 식당 '아고야': 8년 동안 살아남은 브랜드, 왜 망하기 직전까지 갔을까?

2018년부터 외식업 전문 마케팅 회사를 운영하다 보니, 자연스레 매장을 마케팅해서 잘된 사례들이 생겨나고 이런 경험과 노하우들이 쌓여 웬만한 매장은 어떻게 마케팅하는 것이 잘 될 것인지에 대한 인사이트가 생기게 되었습니다.

그래서 자영업자를 대상으로 한 강의 요청이 많이 오게 되었고, 피자/맥주 브랜드 '롱타임노씨' 프랜차이즈의 이승현 대표님이 운영하는 '맥형 아카데미'에서 마케팅 강의를 하게 되었습니다.

몇백 개가 넘는 매장을 마케팅하면서, 매장 한두 개를 운영하는 사장님들이 볼 수 없는 포인트와 사례를 공유하며 다양한 꿀팁을 드리니 만족도도 높고 개인적으로 컨설팅을 요청하는 분들도 많아졌습니다. 그래서 다양한 컨설팅을 진행하며 매장을 성공적으로 마케팅했던 사례를 공

22년부터 자영업자를 위한 '맥형아카데이'에서 강의를 지속 진행 중

출처 맥형 아카데미

유하려 합니다.

〈상암동 소고기 화로구이 브랜드: 아고야〉

　2023년 4월에 했던 매장마케팅 강의를 들은 상암에 있는 화로구이 소
고깃집 사장님이 따로 컨설팅 요청을 주셨습니다. 워낙 바빴던 시기라

출처 아고야 상암점

일정을 미루다가 한 달 만에 컨설팅을 하게 되었습니다.

상암 먹자골목 사이드 상권 지하 1층 20평에서 7년 동안 야끼니꾸(일본식 소고기 화로구이)가게를 계속 해오시던 분이었습니다. 평소 요리에 관심이 많았던 사장님은 건축 회사를 다니다가 진짜 하고 싶은 가게를 위해 과감히 퇴사하고 식당을 차리게 되었습니다.

경험도 자본도 없는 상태라 일단 '야끼니꾸'라는 전체적인 콘셉트만 잡고, 관련된 고깃집이나 식당에서 일을 배우기 시작했습니다. 숯 피우

출처 아고야 상암점

는 것부터 고기 굽고 서빙하고 주방일까지 배우셨다.

그렇게 창업에 필요한 많은 일들을 배웠지만, 창업비가 많지 않아 몇 달간 상암동 상권을 다니면서 예산에 맞는 곳을 찾았습니다. 다행히 건축 회사를 다녔고 직접 시공과 작업을 할 수 있어서 인테리어비를 대폭 줄일 수 있었습니다.

하지만 유동 인구가 적고 지하라 처음에는 찾는 사람이 거의 없었습니다. 그래서 사장님이 직접 유동 인구가 많은 거리로 나가서 전단지와 X 배너를 들고 몇 달간 계속 홍보를 했습니다. 점점 단골이 생기면서 적자가 흑자로 전환되고, 고객들이 좋아할 만한 것들과 만족스러운 식사와 서비스가 될 수 있도록 매일 신경 썼습니다.

창업비나 월세가 싼 매장이기도 했지만, 지속적으로 재방문하는 고객들, 단골들이 늘면서 본질에 집중할 수 있었습니다.

어떻게 하면 고객들의 만족도를 높일 수 있을까? 어떻게 하면 더 맛있게 느낄 수 있을까? 어느 정도 가격이 가장 만족도가 높을까? 수없이 고민했던 시간은 결국 고객 만족과 단골 장사로 자리 잡았고 그렇게 7년 동안 가게를 운영할 수 있었습니다.

아고야의 고객만족 포인트는 크게 5가지 정도로 볼 수 있었습니다.

1. 소고기를 배부르게 먹을 수 있다: 맛과 양 대비 가성비가 좋다.

고객들에게 소고기로 만족을 시키기에는 원가율이 너무 높았습니다. 그래서 수입산을 쓰면서 최고급 숯과 그릴판을 써서 숯향과 그릴링으로 한우 이상의 식감과 맛을 냈습니다.

출처 아고야 상암점

2. 처음 한 점만 해주는 샘플 그릴링

처음에는 직원이 부위별로(총 5개 부위가 모듬으로 나옵니다) 한 점씩 구워줘서 가장 맛있을 때 고객이 맛보게 합니다. 그래서 이후에 고기를 못

출처 아고야 인스타그램

구워서 맛이 없더라도 고기 탓을 하지 못하게 만들었습니다. 이런 시스템은 지속적으로 그릴링을 해주는 다른 곳보다 인건비를 훨씬 줄일 수 있습니다.

3. 유한리필 시스템: 고객에 따라 다른 식사량 맞춤 제공

아고야는 1인분씩 시키는 곳이 아닌, 1인당으로 시키는 시스템이라 처음에는 1인당 350그램의 소고기를 제공했습니다. 하지만 대부분의 여성은 다 못 드시고 남기는 경우가 많아 로스율이 상당히 높았습니다. 그렇다고 1인분으로 바꾸면 테이블 단가가 낮아져 매출이 떨어지는 상황이었습니다.

그래서 '2번 리필되는' 시스템을 도입했습니다. 아무리 수입육이라도 무한 리필로 질 낮은 고기를 제공하고 싶지는 않았습니다. 그래서 처음

출처 아고야 상암점

에는 150그램이 나가고 리필 요청을 하면 100그램, 그다음에는 50그램이 나가는 방법을 썼습니다. 아무리 잘 드시는 분들도 똑같은 양을 계속 먹기는 쉽지 않으니까요.

4. 앞 사람과 대화할 수 있다.

고깃집에서는 항상 후드 때문에 앞사람을 제대로 보면서 대화를 할 수 없습니다. 그래서 흡기구를 바닥에 깔고 테이블 후드에서 연기를 뺄 수 있도록 하여 앞사람과 편하게 대화를 할 수 있게 해 커플이나 가족 단위 고객도 많습니다.

출처 아고야 상암점

5. 오래 구워도 타지 않는 생고기와 질 좋은 사이드

처음에 양념육을 도입했지만, 조금만 타이밍을 놓쳐도 많이 타버리고, 양념이 떨어지면서 숯이 빨리 꺼져 자주 교체해야 하는 경우가 생겼습니다. 그래서 양념육 대신 생고기만 쓰게 되었고, 양념에서 주는 소스 맛은 직접 제조한 타래소스로 대체했습니다. 그리고 고깃값을 1인당으로 내는 대신 사이드를 저렴하고 질 좋게 제공하여 만족도를 더욱 끌어 올렸습니다.

출처 아고야 상암점

이렇게 다양한 시도와 노력으로 7년을 유지했고 코로나 때도 매출이 크게 줄지 않고 유지되었지만, 오히려 코로나 이후 힘들어지는 상황이 되었습니다. 아무래도 상권과 지역의 한계가 있는 데다가, 코로나 이후에 새로 생기는 매장들이 많아져 노출 경쟁에서 밀리게 된 것입니다.

그래서 '온라인 마케팅'이라는 것을 해야겠다고 생각하고 강의를 들으러 와서 저를 만났습니다. 마케팅을 하는 입장에서는 더할 나위 없는 브랜드였습니다. 7년 동안 그 힘들었던 코로나까지 버틸 정도로 브랜드가 잘 잡혀있고 고객들의 만족도가 높은 곳인데 마케팅을 한 번도 하지 않았다는 것은, 결국 마케팅을 하면 잘될 수밖에 없다는 반증이기도 했습니다.

거기다 사장님의 마인드와 실행력을 봤을 때 잘되지 않는게 오히려 이상할 정도였습니다. 그래서 하나씩 플랜을 짜기 시작했습니다. 먼저 플레이스 순위를 올릴 수 있는 다양한 방법들을 알려드리고, 블로그 상위노출이나 인스타 광고, 당근 광고 등 할 수 있는 것들은 다 컨설팅해 드렸습니다.

이런 채널들을 하나씩 세팅하다가 결국 먹스타그램에서 콘텐츠가 터지게 되었습니다. 먹스타그램 촬영하시는 분들과 열과 성을 다해 기획하고 회의했고, '2번 리필되는 깍둑 소고기'라는 콘셉트로 인스타 릴스

출처 인스타그램 '준맛탱' 맛집 계정

1,600만 조회수를 달성하게 되었습니다.

이후에도 해당 콘셉트로 다른 먹스타나 자체 인스타 계정, 플레이스 등에 지속적으로 노출해 8월에 12월까지 캐치테이블 4개월 예약 만석을 달성했습니다.

출처 맥형tv 유튜브 채널

이후에도 마케팅을 진행하면서 신메뉴와 이벤트를 기획/런칭하고, 마케팅 성과를 매출과 연계하여 지속적으로 체크하면서 안정적인 운영을 하고 있습니다. 또한 유튜브나 방송에서도 섭외가 많이 들어와 '오사카에 사는 사람들의 마츠다 부장'이나 '창업의 신', '맥형tv'에서도 촬영하는 등 점점 다양한 매체에서도 알려지고 있습니다.

이제는 점심 때 예약을 받지 않는데, 점심에도 기본 30분 이상 웨이팅을 서는 맛집이 되어, 현재(24년 11월 기준)는 2호점까지 가맹점을 내고

3호점을 준비 중에 있습니다.

아고야 마케팅 진행 채널 정리

1. **플레이스:** 상암맛집 (조회수 4만 가량) 10등 이내 유지

2. **블로그 체험단:** 월 10건 내외, '상암맛집' 키워드 검색 시, 뷰탭 1페이지 상위노출
   유지

3. **인스타그램:** 자체 계정관리(이벤트나 직원 구인 시 월 10만 원 내외 타깃광고)

4. **먹스타그램:** 매장 콘셉트에 맞는 먹스타 섭외해서 월 1~2명 협찬 진행

5. **당근마켓:** 필요시 진행

PART 2
브랜드 창업
마케팅

브랜드 마케팅의 기본

본인만의 아이디어를 가지고 창업하면, 그 사업 구조에 맞는 브랜드를 만들어야 합니다. 하지만 내 브랜드(상품)를 만들려면 가장 막막한 부분이, 어디서부터 시작해야 하는가입니다.

그래서 가장 필요한 것이 브랜드 마케팅(줄여서 '브랜딩'이라고 합니다)입니다. 인터넷이나 유튜브를 찾아보면 이런 브랜딩에 대한 사례가 수없이 보이지만, 정작 나에게 해당하는 부분을 찾아서 적용해 보기란 쉽지 않습니다.

더군다나 가르쳐주는 사람도 없는 상황에 이것 때문에 배우러 다니면서 시간을 할애할 여유도 없을 것입니다. 그런 분들에게 필요한 가장 기초적인 브랜딩 절차와 방법을 정리해 보겠습니다.

1. 시장조사/고객조사:

제품이나 서비스를 판매할 시장과 고객층을 정확히 파악해야 합니다. 이를 위해 시장조사를 진행하고 시장의 특징, 고객의 성향과 요구사항, 경쟁사와 해당 경쟁사의 성과 등을 파악해야 합니다.

이렇게 얘기하면 무언가 많은 것들을 해야 할 것 같고, 어떻게 정리해야 할지 막막할 수도 있습니다. 그런 분들에게는 한마디로 쉽게 설명할 수 있습니다.

"맛집 찾을 때 하던 것들만 그대로 하라."

2. 브랜드 정의:

브랜드를 정의하는 것은 제품이나 서비스를 판매하는 데 매우 중요합니다. 브랜드 정의는 제품이나 서비스의 목적, 특징, 가치 등을 간단히 정의하고, 브랜드의 목표와 가치를 고객에게 전달해야 합니다.

브랜드를 정의하는 데 가장 중요한 포인트는 고객입니다. 내가 뭘 보여 주고 싶은가가 아니라 고객이 뭘 알고 싶어 하느냐에 포커스를 맞추어야 합니다.

3. 마케팅 전략 수립:

시장/고객조사와 브랜드를 정의한 후에는 마케팅 전략을 구축해야 합니다. 이를 위해 오프라인 마케팅 전략(상품, 가격, 프로모션)과 온라인 마케팅 채널 선정 및 전략을 나누어서 기획/구상해야 합니다.

온/오프라인 마케팅 전략이 다르다고 생각할 수 있지만, 절대 그렇지 않습니다. 오프라인으로 오픈 기념 1+1 이벤트를 하기로 했다면, 이 내용을 당근마켓, SNS 맛집 페이지, 인스타그램 등에 연동한다고 보면 됩니다. 채널에 따른 형식만 다를 뿐이지 결국 하나의 콘텐츠(프로모션)를 다양한 형태로 바꾸는 것이라고 보면 됩니다.

4. 디지털 마케팅:

이제는 동네 작은 매장까지도 디지털 마케팅 시대입니다. 웹사이트, 소셜미디어, 이메일, 검색엔진최적화SEO, 검색엔진마케팅SEM 등 다양한 채널 중 내 브랜드와 고객에 맞는 채널을 선택해 디지털 마케팅을 하느냐가 창업의 성과를 좌우할 수 있습니다. 이런 채널에 대한 올바른 선택을 위해선, 각각의 채널에 대한 이해가 반드시 전제되어야 합니다.

5. 고객 경험 관리:

고객 경험은 성공에 가장 큰 영향을 미칩니다. 고객이 만족할 수 있는 경험을 제공하고, 고객의 의견을 수용하고 개선하는 과정을 반드시 거쳐야 합니다.

브랜드 마케터는 해당 분야의 전문가가 되어야 한다

브랜드 마케터의 능력은 결국 브랜드에 대해 얼마나 잘 아느냐에 달려있습니다. 그래서 브랜드 마케터로서 가장 최고의 능력자는 '오타쿠'입니다. 해당 브랜드에 빠져서 그 어떤 누구보다도 많이 하는 마케터가 결국 더 브랜드 마케팅을 잘할 수밖에 없습니다.

출처 유토이미지

그렇다면 해당 브랜드를 오타쿠만큼이나 가장 잘 알고 빠져있을 가능성이 높은 사람은 누굴까요? 바로 브랜드를 만든 대표일 것입니다(물론 팬덤이 형성된 유명한 브랜드들은 아닐 수도 있습니다). 결국 최고의 브랜드 마케터는 대표님입니다.

그런데 대표님들은 마케팅 스킬이 부족합니다. 전문 마케터가 아니기 때문이죠. 그래서 대표님들이 마케팅을 배워야 합니다. 브랜드가 성장해서 팬덤이 생기기 전까지는 가장 최고의 브랜드 마케터는 대표님이기 때문입니다.

그리고 이후에 어느 정도 브랜드가 성장하면, 이때까지 본인이 했던 브랜딩을 기준 삼아 전문 마케터를 통해 더욱 전문적으로 브랜딩을 할 수 있습니다.

그렇다면 브랜드 마케터가 필요한 이유에 대해 하나씩 좀 더 구체적으로 짚어보겠습니다.

출처 유토이미지

1. '전문가로서' 비즈니스 전략 수립에 도움이 됩니다.

브랜드 마케터는 회사의 '비즈니스 전략 설정'에 중요한 역할을 합니다. 해당 분야의 전문가가 되어야, 마케팅을 통해 비즈니스 목표를 달성하는 방법을 더욱 잘 이해하고 비즈니스 전략 수립에 도움이 됩니다.

예를 들어, 고깃집 브랜드를 운영하는 브랜드 마케터가 검색광고에 노출하기 위해 세팅을 한다고 가정해 보겠습니다. 먼저 우리 고깃집 브랜드를 찾는 사람이 어떤 키워드를 많이 검색해 보는지 알고 있어야 해당 키워드를 세팅해서 입찰할 수 있습니다.

그리고 외식업 상권에 대한 전문성이 기반이 되어야 좀 더 상세한 키워드 세팅이 가능합니다. 연남동 상권은 A급이지만 신규고객이 많은 상권입니다. 그런 곳에 '연남동맛집'이라는 키워드는 1~5등의 클릭 단가가 너무 높습니다. 몇 번 클릭하면 한 키워드에서만 큰돈이 빠져나가게 되죠. 그래서 '연남동고깃집'으로 세팅하는 것이 훨씬 효율적입니다.

출처 구글 이미지

하지만 같은 브랜드라 하더라도 천안 두정동에 있는 지점은 '천안맛집'이나 '두정동맛집'으로 세팅하는 것이 훨씬 낫습니다. 애초에 천안이라는 지역 자체에서 검색하는 검색량 자체가 적을 수밖에 없어서, '두정동고깃집' 키워드에 노출하면 아무리 높은 순위에 올려놔도 검색량 자체가 적어 클릭이 많이 일어나지 않아 마케팅 효과가 떨어지기 때문입니다.

결국 이런 세팅 방법도 상권에 대한 이해, 즉 전문성이 있어야 제대로 된 마케팅 비즈니스 전략을 수립할 수 있습니다.

2. '마케터로서' 새로운 변화와 기술을 빠르게 적용할 수 있습니다.

마케팅 분야는 빠르게 변화하고 있습니다. 새로운 기술(머신러닝, 딥러닝, AI)과 채널(구글, 인스타, 트위터, 페이스북, 네이버 등)이 계속해서 나타

출처 유토이미지

나기 때문에 이를 잘 아는 해당 분야의 전문가가 있다면 최근 기술과 채널을 빠르게 파악하고 적용할 수 있습니다.

특히, 소셜미디어 마케팅 분야에서는 새로운 소셜미디어 플랫폼이 계속해서 나타나고 있습니다(페이스북 → 인스타그램 → 틱톡 → 쇼츠/릴스). 인터페이스에 익숙해지려 하면 또 다른 채널이 생겨나 따라가기 매우 어렵습니다. 그런데 해당 분야의 전문가가 있다면, 이러한 새로운 플랫폼을 파악하고 최대한 빨리 적용할 수 있습니다. (아마도 그 전문가는 트렌드에 빠른 젊은 마케터겠죠.)

사실 여기에서는 전문성에 대한 강점보다 채널에 대한 이해가 더 중요한 요소이기는 합니다. 하지만 결국 어떠한 채널이냐에 따라 보이는 형식과 내용은 달라지더라도 콘텐츠는 동일합니다.

예를 들어, 신규지점 오픈 이벤트를 한다고 가정해 보겠습니다. 해당

출처 셔터스톡

매장에서는 '와인 1병 무료 서비스'를 주기로 최종 결정을 하였습니다. 그리고 이 내용을 어떤 채널을 통해 어떻게 보여줄 것인가를 고민하게 됩니다.

먼저 플레이스에 해당 내용으로 5만 원 쿠폰을 등록합니다. 그리고 체험단을 통해 상세한 내용을 담아서 이를 홍보하도록 세팅합니다. 본사 계정에서는 게시물을 만들고 해당 지역에서 타깃광고를 진행합니다. 그리고 페이스북 맛집페이지 + 인스타 먹스타그램을 통해 비주얼에 포커스를 맞추어 적극적으로 홍보를 진행합니다. 추가로 당근마켓에서 지역광고로 5만 원 쿠폰을 뿌리고 추후 회수율을 체크하도록 합니다.

그렇다면 플레이스/체험단/인스타/먹스타그램/페이스북/당근마켓이 모두 다른 채널이라고 한다면, 다 다른 광고였을까요? 절대 그렇지

출처 유토이미지

않습니다. 결국 오픈 이벤트로 5만 원 상당의 와인을 무료로 주는 콘텐츠를 각 채널의 특성에 맞게끔 바꿔서 마케팅을 한 것일 뿐입니다.

물론, 이를 적용하는 과정에서 쿠폰을 발행해서 적용하는 방법, 인스타 타기팅 광고를 좀 더 디테일하게 설정하는 방법, 체험단에서 영수증 리뷰까지 같이 하도록 유도하는 방법 등 각 채널이나 플랫폼을 운영해 본 경험이 있는 마케터는 기술이나 노하우 측면에서 좀 더 나은 성과를 낼 수 있을 것입니다.

결국 브랜드 마케터는 전문가와 마케터의 합성어라고 볼 수 있습니다. 하지만 마케터가 브랜딩을 하는 것이기 때문에, 마케팅 능력이 높은 마케터가 해당 브랜드나 분야의 전문성을 갖추어야 되는 것이 최종적으로는 맞다고 볼 수 있습니다. 어찌 됐든 브랜드 마케터는 해당 분야의 전문가가 되어야 합니다.

브랜드 전략설정

(1) 첫 브랜드가 성공해도 다음 브랜드가 성공할 수 없는 이유

100개가 넘는 프랜차이즈를 마케팅하면서 다양한 경험을 했지만 공통적으로 궁금한 부분이 몇 가지 있었습니다. 앞으로 이런 주제들을 가지고 실제 대행사 운영 경험을 토대로 다양하게 다뤄보도록 하겠습니다.

그중에 하나가 '왜 첫 번째 브랜드를 크게 성공시킨 본사에서도 두 번째 브랜드를 성공시키는 경우가 적을까?'였습니다. 이유를 알게 되니 그럴 수밖에 없다는 결론이 났습니다. 단순히 하나의 원인 때문만은 아니었던 겁니다. 그래서 '육하원칙 기준'으로 원인을 분석해 보았습니다.

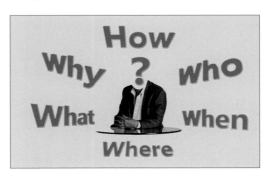

출처 구글

1. who: 고객

고객의 마음을 훔치기란 절대 쉽지 않습니다.

브랜드는 결국 사람의 마음을 훔치는 상품입니다. 그런데 첫 번째 브랜드에서 훔쳤다고, 두 번째 브랜드에서도 반드시 훔칠 수 있을까요? 아이돌 그룹을 키우는 소속사에서 걸그룹 하나 성공시켰다고 줄줄이 대박나는 그룹들이 생겨나는 건 절대 아닌 이유와 같습니다. 다만, 그 가능성이 높아질 뿐이죠.

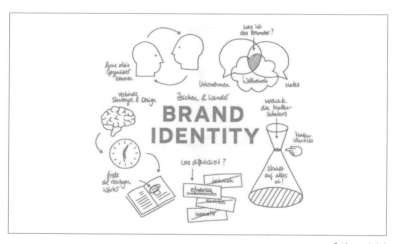

출처 gpt 이미지

2. what: 브랜드

하지만 고객의 마음을 훔치는 데 특화된 브랜드들이 있습니다. 그런 브랜드들은 자신만의 브랜딩 철학과 방법이 있죠. 그러다 보니 브랜드에 영혼을 갈아 넣게 되고, 그런 브랜드들은 대부분 절대 타협할 수 없는 기준들을 가지고 있습니다. 인테리어, 세팅법, 재료의 질, 디피방법 등 까칠하고 예민하리만큼 상세한 부분에 신경을 많이 씁니다. 그리고 그런 노력이 결실하여 웨이팅이 생기고, 대박 가게가 되죠.

여기서 가장 큰 문제가 생깁니다. 그런 브랜드는 대부분 프랜차이즈화하기 힘듭니다. 프랜차이즈는 평준화가 생명입니다. 이 가게에서 먹어본 맛이 다른 지점에서도 똑같아야 합니다. 솔직히 말하면 '맛'보다는 '수익'에 초점이 맞춰질 수밖에 없습니다. 그래서 '맛'이 가장 중요한 오마카세나 노포들이 프랜차이즈화하기 가장 힘듭니다.

브랜드의 질이 너무 높으면 프랜차이즈 구조와 부딪힙니다. 그러니 브랜드만 좋다고 다 되는 건 아니죠. 그런데 또 고객들은 질 좋은 프랜차이즈를 찾습니다. 그럼 뭐 어쩌라는 거야? 제 결론은 브랜드에 정답은 없다고 생각합니다. 하지만 이런 원인을 통해 '내가 목적한 바를 위해선 어떠한 브랜드 포지셔닝을 가져가야 할지' 정도는 알 수 있을 것 같습니다.

3. when: 시기

트렌드에 맞는 브랜드인가?

모든 브랜드가 트렌드를 타는 건 아니지만, 온라인의 활용도가 높아지면서 특히나 젊은 연령층에서는 트렌드와 브랜드의 매칭이 더욱 중요해지고 있습니다. 요즘 같이 '힙함'과 '레트로'가 중요해지는 시기에 맞는 브랜드는 그만큼 파급력이 높아집니다.

물론 유행을 타지 않고 오랫동안 롱런하는 브랜드도 많습니다. 하지만 그런 브랜드는 짧은 시간에 폭발적으로 올라오지 않습니다. 마치 거북이같이 천천히 오랫동안 흘러갈 뿐이죠. 좀 더 이해가 쉽게 주식에 비유하자면, 호재가 터지면 짧은 기간 동안 많이 먹을 수 있는 단타를 치느냐 아니면 가치주를 선택해 장투를 하느냐의 차이 정도라 볼 수 있습니다.

브랜드를 성공시켜본 경험이 있는 대부분의 프랜차이즈 대표님들이 가장 간과하는 부분이 바로 여기에 있습니다. '성공하는 이유는 내가 가장 잘 아니까 내 말이 맞아!' 이렇게 생각하시는 대표님들은 1,000% 모르시는 겁니다. 그때와 지금은 아예 다른 세상인데 그때와 지금이 과연 같을까요?

4. where: 상권

시대가 바뀌면 장소도 바뀝니다.

옛날에 대세인 곳들이 지금은 죽음의 상권이 될 수도 있습니다. 코로나를 겪으면서 누구보다 뼈저리게 느끼시는 분들이 많을 겁니다. 코로나 전에는 권리를 몇억씩 주고 들어갔는데, 코로나 때문에 상권이 다 죽고 결국

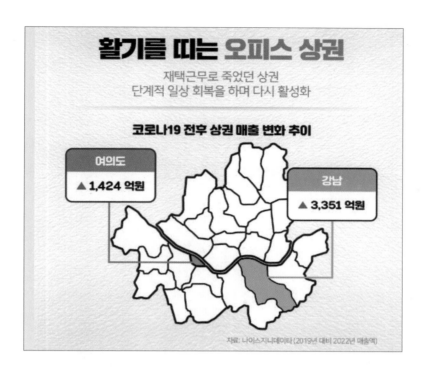

활기를 띠는 오피스 상권

재택근무로 죽었던 상권
단계적 일상 회복을 하며 다시 활성화

코로나19 전후 상권 매출 변화 추이

여의도
▲ 1,424 억원

강남
▲ 3,351 억원

자료: 나이스지니데이타 (2019년 대비 2022년 매출액)

권리의 반의 반도 못 받고 나와 피눈물 흘리시는 분들이 즐비합니다.

브랜드를 성공시키기 위해서 옛날에는 오프라인 상권만 보면 됐습니다. 하지만 이제는 선택의 폭이 더 넓어지고 중요해졌습니다. 유동 인구가 많은 곳이라고 무조건 A급 상권이 아니게 됐습니다. 배달이 주가 되는 음식(분식, 중식 등)은 유동 인구보다는 거주인구가 더 중요해졌고, 2인 이상의 밀키트가 주가 되는 매장은 가족 단위의 인구가 더 중요해졌습니다.

프랜차이즈 브랜드의 포지셔닝 중에서도 배달/오프라인 매장 중 어디가 주인가?

메뉴 단가나 인테리어 등 브랜드 질이 높은 곳인가?

비주얼로 승부하는가 맛으로 승부하는가?

창업비가 비싼가 싼가?

등 다양한 이유로 어떠한 상권을 메인으로 잡아서 갈지가 정해집니다. 이제는 출점지역도 브랜드의 흥망성쇠에 크게 기여하는 기준이 되었습니다.

5. why: 이유

성공한 원인을 정확히 알고 있나?

'왜 처음 건 성공했는데 두 번째 브랜드는 안 되지?'라고 생각하면 늦습니다. 두 번째 브랜드를 런칭하기 이전부터 반드시 처음 브랜드의 성공 원인을 파악해야 합니다. 그래야 그 이유가 두 번째 브랜드에도 적용될 것인가를 알 수 있습니다.

제대로 원인분석도 안 하고 '이게 성공한 이유야!'라고 느낌만 갖고는 망하는 경우를 수도 없이 봤습니다. 심지어 세컨드 브랜드가 계속 실패하니까 첫 번째 브랜드와 똑같이 이름만 바꿔서 런칭하는 경우도 봤습니다. 정말 미련한 본사였습니다. 결국 똑같이 카피한 두 번째 브랜드도 실패했고, 어쩌다 첫 번째 브랜드의 점주가 알게 되어 본사에 쳐들어와 난장판이 되는 상황도 생기더군요. 욕심이 화를 부른 거죠. 근데 정말 웃긴 건, 20년이 넘은 500개 이상의 가맹점을 보유하고 있는 대형 프랜차이즈에서 그랬다는 겁니다. 이건 정말 아니다 싶었습니다.

이런 모든 화근이 결국 원인분석 과정을 거치지 않아 생겼던 겁니다. 결국 첫 번째 브랜드가 성공했던 이유를 본인들도 몰랐다는 결론이 되는 거죠. 운이 좋아 성공한 브랜드에서 더더욱 다음 브랜드가 성공하기 힘든 이유인 것입니다.

6. how: 과정

어떻게 성공했는지에 대한 '과정'이 '결과'보다 중요합니다.

보통 초창기 멤버가 오랫동안 같이 있는 경우는 드뭅니다. 그래서 다음 브랜드가 성공하기 힘든 부분이 있습니다. 첫 브랜드가 잘 되면, '이거 때문에 잘 됐다!'라고 생각하지, '이런 과정을 거치면서 왔기 때문에 잘 됐다!'라고 생각하진 않습니다.

외식업 브랜드 런칭도 결국 '창업'이고 'start-up'입니다. 아이디어나 아이템만 좋다고 무조건 성공하는 건 아니라는 뜻입니다. 성공하기까지 과정에서 개개인의 노력의 합이 성공의 이유라고 봐도 무방합니다. 그런데 그 이유를 자꾸만 '아이템'이나 특정한 포인트(메뉴, 인테리어 등)에서만 찾으려 합니다.

네이버나 카카오도 처음에는 단 하나의 아이템만 성공했습니다. 물론 그 하나가 너무 커서 그 자본으로 실패를 감안하고서라도 계속 신사업에 투자를 하고 있습니다. 그런데 대부분의 신사업은 새로운 대표가 진행합니다. 성공한 경험이 있는 사람들이 훨씬 잘한다면, 왜 신사업에는 그들을 앉히지 않는 걸까요? 결국은 그 아이템을 성공할 때까지 계속 이끌어갈 수 있는 사람들로 과정을 계속 쌓아나가는 것이 무엇보다 중요하기 때문이죠.

(2) 브랜드 마케팅에서 콘텐츠는 점점 더 중요해진다

코로나 이후 외식업 시장은 점점 더 미궁 속으로 빠지고 있습니다. 하지만 지금이 기회라고 외치는 전문가들도 꽤 많습니다. 이유가 뭘까요? 제 생각에는 정해진 방향이 없어졌기 때문이라 생각합니다.

코로나 이전만 하더라도, 대한민국 외식업은 호황기였습니다. 누구나 퇴직하면 치킨집 차리려고 하고, 돈 벌고 싶으면 A급 상권에 권리금 많이 주고 술집이나 고깃집 차리고, 편하게 돈 벌고 싶으면 카페 차리고…

그냥 정해진 답이 있던 시절이 있었습니다. 그런데 이제는 정답이 없는 아노미 상태가 되어버렸습니다. 퇴직하고 치킨집 차리면 무조건 망한다고 하고, 권리금 많이 주고 술집 차리면 바보라고 하고, 카페 차려 편하게 돈 벌던 이들은 눈물을 흘리며 후회하는 세상입니다.

코로나 때 밀키트 매장이 많이 생겨나며 내부를 어떤 콘텐츠로 채울지가 중요해졌다

그렇다면 외식업을 하면 안 되는 거 아닐까? 걱정하는 분들도 많으실 겁니다. 하지만 할 줄 아는 게 자영업밖에 없던 분들은 이러지도 저러지도 못하고 있습니다. 해야 하나? 말아야 하나? 하게 되면 뭘 해야 하지? 과연 이게 맞을까? 하루에도 수십 번도 더 이런 고민을 하면서 지내실 겁니다.

이제 그 고민에 대한 명쾌한 방향을 드리겠습니다. 정답이라고는 못해도 올바른 방향이라고는 자신 있게 말씀드릴 수 있습니다. 그 방향은 바로 '콘텐츠에 집중하라'입니다. 이제 콘텐츠에 집중할 수 있는 두 가지 방법을 알려드리겠습니다.

1. 외식업 산업의 다변화: 배달, 밀키트 심지어 정기구독 서비스까지

서두에 말씀드렸듯이, 이제 외식업에서 정해진 해답은 없습니다. 하지만 어떻게든 헤쳐 나가야 한다면 외식업 산업이 어느 방향으로 바뀌고 있는지를 알아야 합니다. 코로나 이후에는 배달이 뜨기 시작했습니다. 심지어 카페에서 커피를 배달시키는 문화까지 자리 잡게 되었습니다.

그리고 1년이 지나고, 배달이 지쳐갈 때쯤, 밀키트가 부상하기 시작했습니다. 시켜서 먹는 것도 지겨워지니 이제는 밀키트를 사서 먹기 시작했습니다. 배달은 식어서 오는데, 밀키트는 조리하자마자 먹을 수 있으니 신세계였습니다.

그것도 잠시, 동네에 밀키트 매장도 우후죽순처럼 생기고 해 먹을 수 있는 제품이 한정적이다 보니 점점 경쟁이 치열해졌습니다. 밀키트 매장 초반에는 매출이 2,000~3,000만 원 선이었다면, 이제는 1,000~2,000

만 원 선으로 떨어졌습니다. '위드코로나'가 되면서 사람들은 밖으로 나가는데, 경쟁업체는 계속 생기다 보니 결국 반토막 매출이 될 수밖에 없었던 거죠.

그리고 요즘은 정기구독(배달)이 뜨고 있습니다. 물론 이는 코로나 이전부터 있었지만, 집에서 시켜 먹는 문화가 자리 잡고 나니 더욱 익숙해졌습니다. 코로나가 끝나고, 다시 출근하게 되고, 여름까지 다가오고… 웬만한 오피스 상권에서는 샐러드 정기구독이 유행처럼 번지고 있습니다.

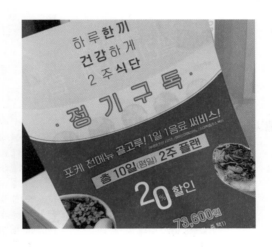

이런 흐름을 보면 과연 다음은 뭘까 하고 고민하게 됩니다. 그건 저도 모르겠습니다. 하지만 하나는 확실합니다. 흐름이 지났다고 배달/밀키트/정기구독이 아예 사라지지는 않습니다. 더 매력적인 방향으로 발전할 뿐이죠.

이미 여러 명이 한 번에 주문하는 묶음 배달이 생기고 있고, 밀키트 매장에서 커피, 샐러드를 같이 파는 복합매장 개념이 생기고 있습니다. 이런 내용을 아는 것과 모르는 것은 천지 차이입니다. 특히 창업을 생각하는 분이라면 아주 중요한 정보를 놓치는 것이죠. 다변화하는 외식업에서 정보를 얻기 위한 노력은 수익으로 직결됩니다.

그렇다면 프랜차이즈 입장에서는, 이런 정보를 원하는 창업자들을 위해 내 브랜드의 콘텐츠를 좀 더 명확하고 설득력 있게 만들어야 합니다. 옛날 창업 광고는 다 홀 위주의 외식업이었지만, 이제는 이게 외식업인지, 밀키트 매장인지, 배달전문 샵인샵인지 제대로 보여 주지 않으면 아무도 모르기 때문입니다.

상권도 시기에 따라 시시각각으로 변한다

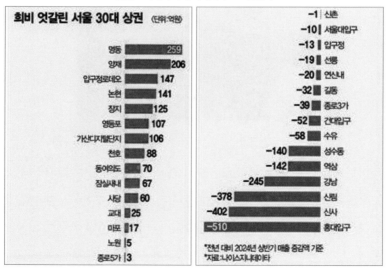

회비 엇갈린 서울 30대 상권 (단위:억원)

상권	값
명동	259
양재	206
압구정로데오	147
논현	141
장지	125
영등포	107
가산디지털단지	106
천호	88
동여의도	70
잠실새내	67
사당	60
교대	25
마포	17
노원	5
종로5가	3

상권	값
신촌	-1
서울대입구	-10
압구정	-13
선릉	-19
연신내	-20
길동	-32
종로3가	-39
건대입구	-52
수유	-58
성수동	-140
역삼	-142
강남	-245
신림	-378
신사	-402
홍대입구	-510

*전년 대비 2024년 상반기 매출 증감액 기준
*자료:나이스지니데이타

2. 동일 브랜드라도 상권에 따라 달라지는 콘텐츠

피자와 맥주를 파는 브랜드가 있습니다. 그런데 같은 브랜드인데도 상권에 따라 효과가 좋은 마케팅 채널이 달랐습니다. 어 뭐지? 처음에는 의아했고, 특이한 경우라 생각했습니다. 그리고 얼마 뒤, 돈까스를 파는 브랜드도 상권에 따라 마케팅 채널의 효율이 달라졌습니다. 분석을 해보았습니다.

결론부터 말씀드리자면, A급 상권과 B급 이하 상권의 차이였습니다. 좀 더 자세히 분석해보니 A급 상권은 거주인구가 적고 외부고객이 유입되는 상권이다 보니 온라인으로 찾아보고 오는 경우가 많아 네이버 플레이스 광고가 효과가 좋았습니다. 같은 지역 내에 경쟁업체도 워낙 많다 보니 노출 자체가 힘든 경우가 많았기 때문입니다.

B급 상권은 반대로 지역 상권입니다. 그래서 거주인구가 많고 경쟁업체가 적어 노출은 비교적 잘 되었으나, 일부러 찾아서 오는 고객은 거의 없었습니다. 그래서 플레이스 광고가 큰 효과를 보지 못했습니다. 오히려 당근마켓 광고가 더 효과가 좋았습니다. 이유를 분석해 보니 B급 상권 이하는 거주인구 위주의 단골률이 높았고, 단골에게 어필하는 전략

상권의 특성과 브랜드의 가능성을 잘 비교해보아야 한다

은 당근이 훨씬 효과적이었기 때문입니다.

　동일한 브랜드라도 상권에 따라 타깃과 특성이 바뀌고, 전략 또한 바뀌게 됩니다. 전략이 바뀌면 콘텐츠 역시 당연히 바뀌어야 합니다. A급 상권에서는 처음 오는 사람들을 잡기 위한 콘텐츠를, B급 이하 상권에는 단골을 잡기 위한 콘텐츠를 만들어야 합니다.

　여러분의 가게는 어떤 고객이 가장 많은 비중을 차지하는지 알고 있으신가요? 그렇다면, 그들만을 위한 콘텐츠에 집중해 보시길 추천합니다.

(3) 브랜드 구축부터 전략 설정이 필요하다(전략구축 노하우)

　온라인을 통한 프랜차이즈 확장 전략, 브랜드를 3가지 경우로 나눠 전략을 짜야 한다!

　10년 전만 하더라도 온라인으로 프랜차이즈 가맹점을 확장하는 것은 쉽지 않았습니다. 기껏 해봐야 네이버 파워링크를 걸어놓거나 배너광고를 진행하는 것이 대부분이었습니다.

　그렇다고 지금도 그런 전략이 바뀌었다는 것은 아닙니다. 다만, 페이스북/유튜브/cpa광고 등 광고매체와 머신러닝 기술이 훨씬 다양화되고 고도화되어 전략을 얼마나 잘 짜느냐에 따라 효율 차이가 많이 난다고 볼 수 있습니다.

　하지만 그러다 보니 웬만한 중소기업 이하의 회사 차원에서는 광고를 진행하기가 여간 까다로워진 게 아닙니다. 대행사 또한 경험과 기술이 제대로 받쳐주지 않으면 성과를 내기 힘들게 되었습니다. 이런 상황에서 인하우스(본사 내부)나 대행사가 가져야 할 가장 중요한 것은 밸런스입니다.

마케팅에서 가장 중요한 전략은 밸런스이다

기술만 있고 전문성이 없으면 콘텐츠의 이해도나 질이 떨어져 타깃에 대한 공감 능력이 떨어집니다. 타깃의 마음을 전혀 이해하지 못한 콘텐츠가 과연 머신러닝이나 타기팅을 아무리 잘한다 하더라도 성과가 잘 나올까요?

인하우스 마케터의 경우는 반대의 경우가 많습니다. 해당 브랜드에 대한 전문성은 높은데, 기술력이 떨어지는 경우죠. 그뿐만 아니라 하나의 브랜드만 보다 보니 시장에서 해당 브랜드의 객관적인 평가나 위치를 알 수 없다는 단점도 있습니다.

그렇다고 정답이라는 건 없습니다. 지금 시대가 그런 거고, 그러므로 여기서 밸런스를 잘 잡는 방법이 무엇인가를 끊임없이 고민하고 연구해야 한다는 뜻입니다.

그런 차원에서 프랜차이즈 마케팅도 많고 다양한 전략이 생겨났습니다. 이제는 오프라인보다 온라인이 훨씬 더 적은 예산으로 높은 효율을 즉각적으로 낼 수 있습니다. 그렇게 온라인을 통해 진행했던 방법들을 3가지로 나누어 정리해 보았습니다.

1. 짧고 굵게 단타로! 트렌디하고 임팩트 있게 짧은 시간 동안 많이 출점하는 경우

트렌드에 민감한 주류 브랜드 카테고리가 많다

1) 장점

- 이색 카페, 이색 메뉴 콘셉트에 잘 맞다.

- 인테리어를 강조한 경우도 비주얼이 좋아 잘 먹힌다.

- 트렌디한 감성(인스타 갬성)에 맞는 브랜드

- 대부분 A급 상권에 많다.

- 신규고객이 대부분이며, 2030 여성 타깃이 주를 이루고 주로 카페/주점 등이 해당

한다.

- 온라인 광고 효율이 매우 좋고 예비창업자 연령대가 젊다.

2) 단점

- 출점지역 제한이 매우 제한적이라 많은 지점을 깔기는 힘들다.

- 유행이 변하면 매출 변동폭이 매우 크다. '하이리스크 하이리턴'

2. 길고 가늘게 장타로! 유행 타지 않고 맛/가격으로만 승부하는 롱런 출점의 경우

B급 상권에 있는 밥집에 해당하는 카테고리가 많다

1) 장점

- 높은 단골률로 안정적인 매출이 가능하다(ex. 브랜드 치킨집, 동네 맛집 등).

- B급 이하 동네상권에 출점이 용이하다(ex.김가네, 김밥천국 등).

- 입소문 마케팅이 용이. 오래된 노포나 맛집이 이에 속하며, 오랫동안 변함없는 곳이
  많다.

- 처음부터 프랜차이즈를 생각해 가성비 콘셉트로 잡은 곳이라면, 출점할수록 상생구

조가 된다(ex. 지점이 많을수록 본사는 원재료를 싸게 공급하고, 지점은 브랜드 인지도가 올라간다.

2) 단점

- 광고 효율이 높지 않다.

- 본사 구조를 짜기가 힘들다. 이런 곳들은 대부분 마진율이 낮다.

- 맛의 평준화가 힘들다. 프랜차이즈는 대부분 맛이 평준화 되어 있는데, 이런 곳들을 프랜차이즈화하면 지점별로 맛의 차이가 심하게 난다.

- 처음에 맛집으로 시작했던 곳이라면 브랜드 이미지가 안 좋아질 수 있다.

3. 브랜드보다 물류/유통마진으로! 배달전문 브랜드의 출점 경우

배달브랜드는 수익률이 매우 낮으니 반드시 손익계산이 필요하다

1) 장점

- 짧은 시간에 많은 출점 가능(3~6개월 만에 100호점도 가능).

- 창업비가 싸서 다양한 브랜드를 빠르게 진행하기 좋다.

- 홀이 없어 운영이 비교적 쉽다.

- 많이 출점하다 보니 물류 유통 마진이 높다.

- 점주의 경우, 다양한 브랜드를 동시에 운영 가능하다.

2) 단점

- 브랜드 인지도가 매우 낮다. 홀이 있어야 오프라인 인지도가 올라가면서 브랜드도
  같이 올라가는데, 배달전문의 경우 해당 장점이 전혀 없다.

- 본사 수익률이 낮다. 홀 매장의 경우 인테리어, 시설 등 1개 지점 창업 시 창업비가
  높은 대신 수익도 높은데, 배달전문은 물류/유통 마진이 대부분이라 수익률이 낮다.

- 롱런하기 힘들고, 성수기/비수기가 극명하여 월매출의 차이가 심하다.

좋은 콘텐츠의 조건: 육하원칙 브랜딩
외식업 마케팅의 기본: 내 고객을 찾고, 그들이 원하는 콘텐츠를 보여줘라!

마케팅에서 가장 중요한 요소

외식업 마케팅에 앞서 '마케팅'이라는 개념에서 가장 중요한 요소는 너무나도 많습니다. 하지만 그중에서도 '외식업 마케팅'에서 특별히 더 중요한 부분들이 있죠. 바로 '내 고객은 어떤 사람들인가?'입니다.

예를 들어 특정 프랜차이즈에서 하는 마케팅과 일반 식당에서 하는 마케팅은 대상 자체가 다릅니다. 프랜차이즈는 브랜드를 알리는 마케팅을 할 것이고, 일반 식당에서는 브랜드보다는 우리 가게에 많은 사람이 오게끔 하는 마케팅을 해야 할 것입니다.

그러면 프랜차이즈는 SNS 유료 광고/검색광고/공식블로그 등 브랜드를 알리는 데 특화된 채널로 광고를 하는 것이 효율적일 것이지만, 식당에서는 LSM(로컬스토어 마케팅)에 맞는 온오프라인 광고나 전단지/당근마켓과 같은 지역 기반 광고를 활용하는 게 훨씬 효율적일 것입니다.

목적에 맞는 다양한 광고 채널을 선택하는 것이 매우 중요

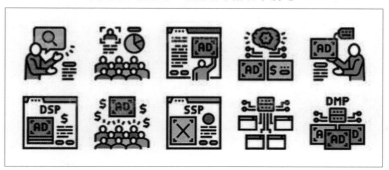

'프랜차이즈 가맹점 모집 광고'와 '맛집 광고'는 크게 보면 BtoB 타깃과 BtoC 타깃으로 나뉠 정도로 대상이 다릅니다. 적게는 몇천 많게는 몇억이 드는 고관여 제품인 창업자 모집 광고와, 몇만 원 주고 음식을 먹는 저관여 제품인 식당 광고가 절대 같은 순 없습니다.

이런 특화된 경험을 6가지 기준에 적용하여 외식업 마케팅에서는 어떻게 적용할 것인지를 말씀드리겠습니다.

1. 무엇을 전달하려 하는가: 상품(본질), 팔려고 하는 아이템이 무엇인가

내가 팔려고 하는 상품이 무엇인지를 반드시 인지해야 합니다. 음식인지 경험인지 공간인지 서비스인지에 따라서 어떻게 상품을 풀어낼지는 완전히 달라집니다.

앞에서도 말씀드렸듯이 프랜차이즈 본사는 브랜드를 팔기 위해 브랜드의 가치를 올리는 마케팅을 하겠지만, 각 지점은 고객을 모으기 위해 다양한 이벤트나 행사, 특가, 해당 상권에 맞는 전단지 등을 통해 마케팅

을 할 것입니다. 같은 브랜드라도 파는 상품이 다르기 때문에 전략도 달라지는 것입니다.

만약 카페 프랜차이즈에서 신메뉴가 나오는데 스타벅스와 메뉴가 겹친다고 경쟁사가 스타벅스가 될까요? 절대 그렇지 않습니다. 스타벅스는 공간을 파는 곳입니다.

사람들은 스벅에 그 메뉴를 먹으러 가는 게 아닙니다. 스벅에 갔는데 그 메뉴가 있어서 먹는 것입니다. 그렇다면 카페 프랜차이즈는 스벅과 똑같은 메뉴를 스벅처럼 팔면 안 됩니다. 메뉴는 다르더라도 신제품을 활용하여 마케팅을 잘하는 다른 브랜드의 사례를 참고해야 합니다.

2. 왜 전달해야 하는가: 마케팅의 목적이 무엇인가

마케팅에는 분명한 목적이 있습니다. 앞서 말한 바와 같이 브랜드 인지도를 높이기 위한 목적, 유입을 위한 목적, 유입 및 전환을 위한 목적, 유입된 고객을 대상으로 전환하기 위한 목적, 고객 유지를 위한 목적 등이 있습니다. 그렇다면 이를 외식업 마케팅에 적용해보면 광고와 홍보

로 나눌 수 있습니다.

'홍보'란 알리기 위한 목적, '광고'란 구매를 위한 목적 정도로 보시면 됩니다. 그렇다면 로컬매장에서 식당을 운영하시는 분들 기준에서 보겠습니다. 요즘은 웬만한 로컬매장도 인스타그램을 다 운영합니다. 그런데 올리는 게시물은 광고와 홍보의 목적을 나눠서 올리지는 않습니다.

"우리 매장에 신메뉴가 나왔어요~"라는 게시물과 "우리 매장에 신메뉴가 나왔으니 한 달간 10% 할인해서 판매합니다~"라는 게시물은 완전 다른 내용입니다. 앞은 홍보이고 뒤는 광고인 거죠.

그렇다면 해당 매장 인스타 계정을 팔로우하는 고객들은 이렇게 댓글을 달겠죠. "와~ 너무 맛있겠어요~ 조만간 갈게요~~"라고요. 그러나 뒤의 내용에도 비슷하게 댓글을 달 겁니다. "기간 안에 꼭 가봐야겠네요~"

해당 매장을 알고 있는 사람들을 마케팅 용어로 '충성고객(진성고객)'이라고 합니다. 이들은 광고와 홍보의 효과가 둘 다 있을 수밖에 없습니다. 브랜드 인지도가 높은 고객이니까요. 하지만 브랜드 인지도가 없는 고객들에게는 광고와 홍보의 효과는 극명히 갈립니다. 당연히 홍보보다는 광고의 효과가 훨씬 좋습니다.

정리하자면, 인스타에 올리는 게시물도 광고와 홍보의 목적을 나눠서 올리고, 할인/프로모션/이벤트 등 광고 목적의 게시물은 팔로워뿐만 아니라 지역 타깃으로 소액 유료 광고를 돌려보는 것도 좋습니다.

3. 누구에게 전달해야 하나: 타깃, 행동 유발이 가능한가

앞서 말씀드렸던 것같이 타깃을 확실히 정하는 것이 무엇보다 중요합니다. 우리 가게에 오는 고객들의 연령/성별/사는 곳/집단 특징 등을 지속적으로 모니터링하면서 그들이 가장 원하는 니즈를 지속적으로 찾아야 합니다.

아파트 단지 상가에 자그마한 카페가 하나 있습니다. 원래 음료만 판매할 생각이었는데, 아파트에 사는 엄마들이 해당 상가에 있는 학원에 애들을 보내고 끝날 때까지 카페에서 수다를 떨면서 한마디씩 합니다.

"디저트는 없어요?" 그래서 사장님은 다음날 디저트를 넣게 되죠. 그런 데 또 다른 엄마들이 물어봅니다. "애들 먹을 건 없어요?" 그다음 날 애 들 먹을 수 있는 쿠키를 들이게 됩니다.

물론 고객의 니즈를 반영했다는 의미에서 좋은 매장 운영방식이라고 볼 수도 있지만, 과연 이렇게 갑자기 추가한 메뉴가 잘 먹힐까요? 결론 은 내 타깃을 미리 알고 준비하면 고객의 니즈를 더 잘 반영할 수 있고 소문날 가능성이 높다는 겁니다.

그렇다면 학원이 많은 아파트 상가에 들어가는 카페는 기준별로 어떤 부분을 체크해야 할까요?

- **상품**: 학부모들이 많으니 엄마와 아이들이 같이 먹을 수 있는 패키지 상품 구성
- **타깃**: 상가에 많은 학원에 매일 오는 학부모들
- **내용**: 학부모들을 대상으로 패키지 상품을 만들어 할인 이벤트를 진행
- **장소**: 상가 내 출입구, 아파트 단지 내 엘리베이터 게시판 등
- **시기**: 학생들 하교 시간부터 저녁 8시 이전까지 학부모 상가 방문이 잦은 시간
- **목적**: 해당 타깃에 맞는 패키지 상품을 광고하여 매출을 올리기 위함

4. 어디에 적용해야 하나: 노출 환경에 적합한 형식인가

노출 환경이라 함은 오프라인의 경우 지역이 될 것이고, 온라인의 경 우 플랫폼이 될 것입니다. 오프라인에서는 전단지, 옥외광고, 아파트 게 시판, 대중교통 광고 등이 있고 온라인의 경우 네이버(검색광고/GFA/플 레이스광고 등), SNS(인스타/틱톡/페이스북/유튜브 등), 배너광고(구글/모비 온/크리테어/TG 등) 등 수많은 채널이 있습니다. 결국 내 상품과 타깃이

출처 셔터스톡

어떤 노출 환경에 가장 적합한지를 찾아야 합니다.

그런데 이를 찾는 방법은 생각보다 간단합니다. 일단 주변에 먼저 물어봐서 추천을 받고, 그래도 안 되면 유튜브를 켜고 'ㅇㅇ마케팅'이라고 쳐보세요. 다 나옵니다… 이거만큼 확실한 방법은 없습니다.

드리고 싶은 말씀은, 모든 마케팅에는 이미 경험을 통해 가장 성과가 좋은 채널이 있기 마련입니다. 찾는 방법도 어렵지 않기 때문에, 그게 뭔지만 찾으시면 됩니다.

5. 언제 전달해야 하나: 타이밍, 시의성을 고려하자

외식업에서도 특히 '대목'이 있는 곳들이 있습니다. 선물 구성이 있거나 건강기능식품 관련 업종들이 일반적으로 그렇습니다. 그런 곳들은 1년 매출을 한 달 만에 뽑기도 합니다.

출처 셔터스톡

사실 그런 곳들은 이제 오프라인보다는 온라인 커머스 쪽이 많아졌죠. 코로나 시기를 거치면서 더욱 심해졌고요. 제가 아는 지인은 2021년 1년 동안 네이버 밴드로만 150억 매출을 달성했다고 하니, 얼마나 커머스 산업이 활성화가 많이 됐는지 알 수 있죠.

그래서 시기도 무엇보다 중요한 겁니다. 대목 장사를 하는 분들이 아니더라도 말이죠. 예를 들어 여름에 카페가 매장 장사가 잘된다고 배민 깃발을 하나도 안 꽂으면 배달 매출이 빠져서 전체 매출에 영향을 주겠죠? 물론 배달팁 때문에 수익은 낮더라도, 여름에 매출을 끌어올려 놓아야 겨울이 되더라도 어느 정도 버틸 수 있게 되죠.

내 브랜드 혹은 매장은 과연 가장 성수기가 언제일까요? 아무리 계절을 타지 않는 업종이라 하더라도 성수기는 반드시 존재합니다. 저는 마케팅 컨설팅을 하면 항상 이런 얘기를 합니다.

"마케팅은 매출이 빠질 때 하는 게 아니라,
물 들어올 때 노 젓는 겁니다."

이처럼 마케팅은 가장 잘될 때 해야 합니다. 잘나가는 가게나 아이템을 더 잘나가게는 할 수 있지만, 안되는 매장을 살리기는 쉽지 않습니다. 안되는 아이템은 분명히 이유가 있습니다. 그런데 그것부터 해결하지 않고 마케팅으로 해결하려고 하는 것은 결국 밑 빠진 독에 물 붓기 밖에 안 됩니다.

마지막으로 좋은 콘텐츠를 만드는 방법이 있습니다. 외식업 마케팅에서 좋은 콘텐츠란 딱 하나의 조건만 생각하면 됩니다.

'내가 마케팅을 하고자 하는 타깃(고객)에게 나는 자신 있게 추천할 수 있는가'.

그렇다면, 추천하는 이유를 앞의 5가지 기준에 맞추어 만들고 이를 고객들에게 진심으로 전달해보세요. 고객은 절대 배신하지 않습니다.

브랜드 마케팅 성공 사례: 고깃집 문화를 콘텐츠화하다

브랜드 마케팅 이야기: 한남동 와인과 숙성고기 핫플 미래회관

소주와 맥주는 가격이 너무 오르면서 이제는 서민술이 아니게 되었습니다. 그뿐만 아니라 음주문화가 바뀌면서 개인의 취향에 맞춘 술들이 점점 생겨나고, 2차 문화가 줄어들면서 맛있는 음식과 술의 조합에 관심을 가지기 시작했습니다.

출처 구글 이미지

이런 와중에 지인을 통해서 알게 된 한남동 '미래회관'이라는 숙성고기 사장님을 컨설팅하게 되었습니다. 알면 알수록 브랜드가 매력적이었고, 지금 시기의 외식문화와도 너무 잘 맞는 콘셉트라 제대로 브랜딩을 해봐야겠다고 생각해 장기적인 플랜을 세우고 정체성을 구축하기 시작했습니다.

확실한 콘셉트 설정

미래회관은 고깃집이지만 이미 포화상태의 경쟁사 중에서, 새로운 문화를 선점하기 위해 '숙성고기와 와인의 페어링'이라는 콘셉트로 풀어냈습니다.

출처 미래회관 본사 제공

옷에 냄새가 배고 연기가 가득 찬 일반적인 고깃집이 아닌, 그릴바 스타일의 모던한 인테리어에서 직원이 고기를 구워주는 시스템입니다.

그래서 가장 잘 구운 고기를 가장 맛있는 상태에서 먹을 수 있기 때문에 고기 맛에 대한 자부심이 어마어마했습니다. 그리고 숙성 목살이기 때문에 드라이에이징을 통해 식감이 소고기처럼 부드럽고 쫀득합니다. 소고기는 와인과 페어링이 좋지만 돼지고기는 그렇지 않다는 고정관념을 숙성(에이지)이라는 키워드로 풀어낸 것입니다.

특/장점 극대화: 테이블 단가

그래서 하루에 20팀만 받아도 와인과 함께 식사를 하는 테이블이 많기 때문에, 테이블 단가가 15만 원 이상이 나와 일매출이 300이 넘어가게 됩니다.

많은 팀을 받지 않으니 직접 그릴링을 해주더라도 인건비가 많이 나

출처 미래회관 본사 제공

오거나 운영이 힘들지 않고, 고깃집의 특성상 영업시간이 저녁 기준 5~6시간 정도이니 하루 종일 힘들게 장사하는 방식도 아닙니다.

오히려 포화된 고깃집 시장에 없는 포지션을 선점하는 블루오션 전략이 먹힌 경우입니다. 테이블 단가가 높으니 굳이 애써 많은 팀을 받지 않아도 매출은 잘 나옵니다. 사장님들이 가장 원하는 방식이죠. 적게 일하고 많이 벌고.

출처 미래회관 본사 제공

특/장점 극대화: 낮은 상권의존도

거기다 상권에 의존도 또한 높지 않습니다. 워크인으로 들어오는 고객들보다 예약을 해서 오는 고객들이 더 많다 보니, 굳이 많은 권리금과

월세를 주고 큰 창업비를 들여 좋은 상권에 들어갈 필요가 없습니다.

그렇다고 하더라도 너무 좋지 않은 상권에 들어가면 안 되겠지만요. 그 예로 미래회관 지점 중 공덕은 상권이 좋다 보니 평균 매출이 1억이 꾸준히 넘지만, 신도시 상권에서는 가족 단위가 많아 주류 매출이 빠지고 테이블 단가가 낮아지면서 전체적인 매출이 낮게 나오는 경우도 있었습니다.

출처 미래회관 본사 제공

단점을 극복하는 방법 연구

이처럼 아무리 블루오션 콘셉트이고 경쟁력이 있더라도 단점은 존재합니다. 바로 '맛집'과 '프랜차이즈'의 괴리에서 오는 단점입니다. 일반적으로 프랜차이즈라고 하면 통일된 맛과 콘셉트를 떠올립니다.

하지만 미래회관은 처음부터 한남동 핫플맛집으로 유명세를 타게 되었고, 그러다 보니 프랜차이즈의 느낌과는 맞지 않는 부분이 많았습니다.

상권마다 콘셉트가 먹히는 곳과 그러지 않은 곳의 차이가 심했고, 그러다 보니 통일을 위해 '다운그레이딩'이라는 극단적인 방법까지도 고민하게 되었습니다.

기존의 핫플 콘셉트는 어둡고 힙하고 트랜디한 느낌이라 알아서 찾아오는 방식이었는데, 그러다 보니 브랜드를 잘 모르는 상권에서는 유동 인구를 유입시키기 매우 힘들었습니다.

워크인으로 들어오는 고객들이 있어야 안정적인 매출도 유지되는데, 외부에서 보이는 느낌은 힙하긴 하지만 가시성이 너무 떨어져 쉽게 인지하기 어려웠습니다.

출처 미래회관 본사 제공

그렇다고 멀리서도 잘 보이도록 강한 조명을 달거나, 모던하고 어두운 색을 밝게 바꿀 수도 없는 노릇이었죠.

브랜드 인지가 잘돼 있지 않은 상권에서는 심지어 미래회관이 뭐하는 곳인지도(술 먹는 바로 생각하는 고객이 많았다고 함) 몰랐다고 하니, 문제가 심각했습니다.

그래서 최대한 외부에 X-배너나 입간판을 통해 고깃집이라는 느낌을 확실히 주는데 포인트를 두었습니다. 브랜드의 아이덴티티를 해치지 않는 선에서 직접 영상도 제작해서 외부에 설치하고 최대한 고깃집임을 어필했습니다.

그리고 다양한 판촉물이나 시안에도 가능하면 고화질로 사진을 찍은 숙성고기 이미지도 같이 넣었습니다.

출처 미래회관 본사 제공

하지만 또 다른 문제가 생겼습니다. 바 느낌의 고급스러운 인테리어와 브랜드 이미지 때문에 다들 비싼 곳이라는 인식을 하게 되었습니다.

그래서 '와 저런 데는 얼마 하지? 너무 비쌀 거 같은데?'라고 생각하는 고객이 많았습니다. 실제로는 그렇지 않은데도 말이죠.

그래서 매장별 플레이스 메뉴에 단품 가격을 가장 먼저 배치해 실제 다른 고깃집과 큰 차이가 없다는 것을 보여 주고, 워크인 고객들이 메뉴 가격을 볼 수 있도록 메뉴판을 설치했습니다.

와인과 숙성고기라는 콘셉트가 가져다주는 고급이라는 느낌을 최대한 '가성비'로 풀기 위해 세트 메뉴를 만들어 어필하기도 했습니다. 그러다 보니 한번 왔던 고객들의 '생각보다 별로 안 나왔어요'라는 리뷰가 많아지고, 콘셉트에 비해 가성비 좋다는 이미지 메이킹이 되었습니다.

출처 미래회관 본사 제공

이 밖에도 지역별로 차이가 나는 '와인에 대한 대중성' 문제도 컸습니다. 소주나 맥주를 팔지 않고 와인만 팔아 객단가를 높이려는 전략이었지만, 특정 지역에서는 오히려 소주 맥주는 안 파냐는 문의가 많이 들어와, 오랫동안 다양한 테스트를 통해 결국 소주와 맥주를 넣게 되었습니다. 이 부분에서는 프랜차이즈에 맞춰 조절을 한 것이죠.

이렇게 핫플 고깃집을 프랜차이즈화하면서 지속적으로 브랜딩을 하게 되었고, 온라인(플레이스, 인스타, 당근, 블로그, 유튜브 등)뿐만 아니라 오프라인 브랜딩까지 통합적으로 하니, 어느새 3개월 만에 10호점을 넘기게 되었습니다.

물론 콘셉트상, 100~200개 매장을 오픈하는 다른 브랜드들처럼 많이 낼 수는 없지만, 탄탄한 브랜딩을 기반으로 한 핫플 콘셉트의 프랜차이즈라면 적은 매장에서도 많은 매출을 유지하면서 충분히 오래갈 수 있을 것이라는 확신이 들었습니다.

PART 3

프랜차이즈
창업 마케팅

브랜드 마케팅의 기본

프랜차이즈 본사는 창업 고객을 모를 수밖에 없다

'소비자 고객'과 '창업 고객'은 다르다

우리나라에서 주식에 상장될 정도로 큰 기업으로 성장한 프랜차이즈 브랜드가 과연 몇 개나 될까요? 그만큼 대기업 수준만큼 큰 외식업 프랜차이즈 브랜드는 잘 없습니다. 하지만 웬만한 대기업 이상으로 소비자

출처 셔터스톡

들에게 인지도가 높은 브랜드들은 많죠.

그 이유는 프랜차이즈는 오프라인 매장이 많고, 의식주 중에 식을 담당할 정도로 큰 비중을 자치하며, 재구매가 워낙 많이 이루어지는 분야이다 보니 그렇습니다. 그리고 브랜드를 아는 모든 사람이 다 소비자이고 잠재고객이기도 하기 때문입니다.

하지만 웬만한 프랜차이즈 본사는 이런 고객과 소비자에 대한 분석을 제대로 하지 않습니다. 그도 그럴 것이, 본사의 연구팀은 메뉴 개발과 소스 개발 등 우선순위가 더 높은 일들이 많기 때문이죠. 그렇다고 고객 분석만을 위한 연구원을 뽑기에도 애매합니다.

그러다 보니 해당 브랜드의 충성고객에 대한 분류가 제대로 되지 않고, 브랜드가 인기가 많은 원인에 대한 분석도 주기적으로 이루어지지 않습니다. 나아가 소비자 고객과 창업 고객에 대한 분류 또한 제대로 되고 있지 않습니다.

물론 우리 브랜드를 좋아하는 충성고객이 창업을 하는 경우도 없진 않지만, 비중으로 보자면 그리 높지는 않습니다. 창업 고객은 '창업' 자체를 생각하는 고객 중에서 전환되는 경우가 대부분입니다.

'창업시장'에 대한 이해가 필요

고객에 대해 연구하고 분석하는 팀이 있는 본사에도, '소비자 고객'에 대한 연구는 많지만 우리 브랜드를 '창업할 고객'에 대한 연구는 거의 없습니다. (적어도 100개가 넘는 프랜차이즈 본사를 마케팅하면서 저는 아직 한 번도 보지 못했습니다.)

참 이상했습니다. 본사는 지점이 늘어날수록 수익이 높아질 수밖에 없으므로 이런 창업 고객이 가장 중요한데… 도대체 왜 그럴까요?

알고 보니 애초에 소비자 고객과 창업 고객을 나눠놓는 곳 자체가 거의 없기 때문이었습니다. 음식이 맛있고, 소비자가 좋아하고, 매출이 올라가면 으레 창업자들도 매력을 느끼고 많이 연락이 올 것이라 생각했기 때문입니다.

하지만 그건 잘못된 생각입니다, 애초에 접근방법 자체가 잘못되었습니다. 앞서 얘기했듯이, 음식이 맛있어서 충성고객이 많아지면 당연히 그중에 창업을 하는 사람도 생겨나긴 할 겁니다.

그렇지만 그 비중이 해당 브랜드 창업자의 5%도 안 될 텐데, 그들에게 집중하는 건 너무 비효율적인 방법인 거죠. 창업시장에 대한 이해가 부족해서 생겨난 잘못된 접근법인 것입니다.

결국 내 브랜드의 충성고객을 창업시키는 방법이 아닌, 창업시장에서 내 브랜드에 대해 내세울 수 있는 가장 큰 강점(장점)을 찾는 것이 더 중

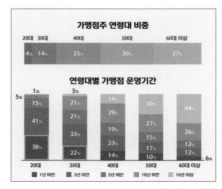

출처 구글 이미지

124

요합니다. 여기서 문제가 발생합니다. 본사 직원이나 인하우스 마케터는 '창업시장에 대한 이해' 분야에서 전문성이 떨어집니다.

더군다나 창업 트렌드가 코로나 이후 급변하는 상황에서 더욱 그럴 수밖에 없습니다. 창업자가 요즘은 어떤 부분에 우선순위를 두는지 창업시장의 대세는 어떤 업종인지 이런 부분들을 계속 모니터링하고 있어야 하는데, 본사 내부의 업무를 쳐내기만도 바쁘니 이런 부분까지 섭렵하기에는 쉽지 않습니다.

내 브랜드에 대한 객관적인 위치(포지셔닝)를 파악해야 한다

거기에 맨날 출근해서 보는 게 우리 브랜드이다 보니 너무 익숙해서 객관적인 우리 브랜드의 포지셔닝이 어떤지 잘 모릅니다. 항상 보다 보니 우리 브랜드를 모르는 사람이 있으면 그게 오히려 이해가 안 되는 거죠.

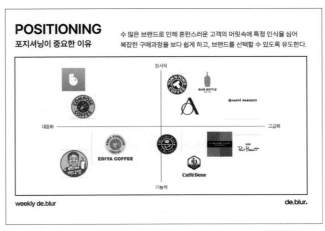

출처 구글 이미지

"아직도 우리 브랜드를 모른다고?"라고 얘기하지만, 웬만한 브랜드는 아는 사람보다 모르는 사람이 훨씬 많습니다. 창업시장에서도 마찬가지죠.

그리고 고객들의 의견이 잘 받아들여지지 않는 경우도 많습니다. 본사에서 다 같이 회의도 하고, 연구도 하고, 테스트도 하고, 시식회도 하고 해서 출시된 메뉴가 고객들에게 외면받으면, 오히려 고객이나 시기 탓을 하는 경우가 많죠. 결국 소비자의 선택이 해당 브랜드의 성공을 결정짓는 역할을 하는데도 말이죠.

한마디로 정의하자면 이렇습니다.

"우리 브랜드 너~~무 좋아요! 이것도 좋고 저것도 좋고 다 좋습니다~"라는 지극히 주관적인 의견을 어필하는 것이 아니라,

"우리 브랜드는 다른 브랜드보다 단골률이 훨씬 더 높아요." "저희 브랜드는 다른 브랜드보다 매출이 안정적이에요. 매출영수증 보여드릴게요."라는 비교를 통한 객관적인 어필이 훨씬 설득력이 있다는 뜻입니다.

그리고 본사는 객관적인 우리 브랜드만의 비교우위 강점을 계속 누적시키고 발전시키고 활용하다 보면, 결국 창업시장에서도 충분히 매력적인 창업브랜드로 성장할 수 있습니다.

정리하면 다음과 같습니다.

- 브랜드 소비자 고객과 브랜드 창업 고객을 나누어라.
- 분류된 고객들의 특성을 파악하라.
- 우리 브랜드의 포지셔닝을 확인하라.
- 우리 브랜드가 타 브랜드 대비 어떠한 강점이 있는지 계속 찾아서 지속적으로 활용

하라.

- 분류된 고객들에게 각각 우리 브랜드를 어떻게 어필할 것인지 계속 연구하고 적용하라.

마무리하자면, 잘 파악하고 잘 분류된 타깃은, 어떠한 상황에서도 우리 브랜드에 가장 큰 무기가 됩니다.

나무보다는 숲을, 숲보다는 산을 보아야 훨씬 더 성공 가능성이 높은 전략을 만들어 낼 수 있습니다. 참고로 해당 내용들을 통해 어필이 잘된 콘텐츠 몇 가지를 공유하겠습니다.

출처 노마드 포레스트

프랜차이즈 가맹점 모집
마케팅 전략 설정

'브랜드 스토리' 구축 노하우

프랜차이즈 가맹점 모집 마케팅에서 가장 중요한 개념은 '고객의 분리'에 있습니다. 앞에서 몇 번 언급했지만, 브랜드를 소비하는 고객과 브랜드를 오픈하는 고객은 완전 다르기 때문에 이 둘을 구분하는 데서부

출처 유토이미지

항목	브랜드 소비 고객	브랜드 창업 고객
객단가	음식이기 때문에 매우 낮음	매우 높음. 평균 1억 이상
구매결정	바로 결정 가능	다양한 방향에서 숙고 후 결정
성향	- 브랜드 충성도가 낮음. - 처음보는 브랜드라도 맛있어 보이면 구매 가능. - 유동 인구, 배달어플 등 다양한 채널에서 인지 후 즉시 구매	- 브랜드 충성도가 높음 - 처음보는 브랜드는 구매 불가. - 장기간 브랜드 인지도를 높이고 충성도를 올린 후 다양한 비교/분석을 통해 구매를 결정
마케팅 포인트	비주얼, 리뷰, 입소문 등 직관적인 콘텐츠로 승부 가능	창업비용, 성공 사례, 메뉴 구성, 상권, 입력, 순수익, 노동강도 등 다양한 관점에서 정보전달을 포함한 지속적인 콘텐츠가 필요
구매결정 기간	단기간	최소 3개월 이상

터 시작해야 됩니다.

이렇게 고객을 구분했지만, 브랜드 창업 고객을 설득하는 방법이 워낙 많으므로 어디에 포커스를 두고 풀어야 할지 고민될 것입니다. 그 질문에 저는 바로 말씀드릴 수 있는 가장 확실한 기준이 하나 있습니다. 바로 '오로지 우리 브랜드만 가지고 있는 스토리'입니다.

출처 유토이미지

앞서 두 타깃군을 비교해서 말씀드렸던 것처럼, 브랜드 창업 고객은 브랜드에 대한 충성도가 매우 중요합니다. 그래서 브랜드가 가지고 있는 매력을 최대한 어필해야 하고 그 과정에서 가장 잘 먹히는 포인트가 바로 '오로지 우리 브랜드만 가지고 있는 것'입니다.

그 차별점이 결국 브랜드 스토리가 됩니다.

- 50년 동안 3대를 이어 온 곰탕집

- 역전에서 오징어입을 팔던 할머니

- 벌교에서 꼬막을 직접 기르는 사장님이 만든 비빔밥

- 코코넛 커피가 너무 좋아 동남아까지 가서 레시피를 배워온 대학생

- 지방에서 올라왔는데 서울에는 싸고 맛있는 막창집이 없어 직접 차린 사장님

- 숯불 치킨을 좋아하는데 두 마리 숯불 치킨 브랜드가 없어서 내가 직접 차린 사장님

스토리는 브랜드의 이미지를 만드는 필수요소이다

출처 셔터스톡

130

내 브랜드 스토리는 다른 브랜드에서는 절대로 사용할 수 없는 독보적인 차별점입니다. 그리고 이런 스토리를 계속 발전시키면서 다양한 콘텐츠로 풀어내는 것이 충성도를 높이기 위한 가장 중요한 과정입니다.

물론, 창업자에 따라 다르겠지만 이런 구구절절한 스토리보다 팩트에 더 관심이 있는 분들도 많습니다. 하지만 이런 항목들은 대부분의 브랜드가 어필하는 내용들이고 그래서 비교의 대상이 되는 부분이지, 절대 브랜드 아이덴티티를 결정짓는 요소가 아닙니다.

그렇다고 다른 브랜드에서 강조하고 어필하는 이런 항목들을 아예 배제할 수는 없습니다. "우리는 진정성을 담아 진심으로 이 브랜드를 만들었습니다. 그러니 믿고 창업하세요~!" 라고 아무리 소리쳐 봤자 결국 돌아오는 건 무관심뿐일 것입니다.

결국 다른 브랜드와 비교할 수 있는 항목 중 우리 브랜드가 비교우위를 점할 수 있는 장점들 위주로 어필하는 과정도 반드시 필요합니다. 그리고 이런 항목들을 카테고리화해서 쌓이는 데이터들을 지속적으로 누적시키고, 보기 쉽게 정리해서 온/오프라인으로 지속적으로 노출해야 합니다.

종합하면,

1. 브랜드 아이덴티티를 담은 스토리로 '브랜드 인지도'를 먼저 높인다.

2. 타 브랜드와 비교우위에 있는 항목들 위주로 어필하면서 '브랜드 매력도'를 올린다.

3. 신메뉴/이벤트/출점현황/월매출 등 브랜드가 살아 있다(잘나가고 있다)는 느낌을 줄 수 있는 내용들을 지속적으로 노출하면서 '브랜드 충성도'를 높인다.

이런 과정으로 브랜드 창업 고객들에게 접근해야 합니다.

프랜차이즈 가맹 모집 마케팅 채널 정리

(1) 가맹 모집 랜딩페이지가 별로도 필요한 이유

프랜차이즈 본사 컨설팅을 가면 항상 묻는 단골 질문이 있습니다. 바로 "창업광고용 랜딩페이지가 따로 필요한 이유가 무엇인가?"입니다. 여기에는 온/오프라인으로 정말 다양한 이유가 있습니다. 그 이유를 듣고 나면 대부분 그것의 필요성에 대해 공감할 수밖에 없습니다.

1. 창업타깃 브랜딩: 정확히 창업타깃만을 대상으로 브랜딩

창업타깃과 매장타깃을 구분해야 하는 이유?

창업자 모집 마케팅에서 가장 중요한 핵심은 '타깃'에 있습니다. 대부분의 프랜차이즈 본사에서 간과하고 있는 부분이 바로 '타깃'을 구분하지 못한다는 것입니다.

매장 고객은 몇천 원~몇만 원 정도의 상품을 구매합니다. 단가가 낮기 때문에 전문용어로 '저관여 제품'이라고 합니다. 그런 저관여 제품은

한 번만 봐도 구매 의사가 높아집니다. 그래서 SNS 광고를 통해 이미지만 보여줘도 매출에 바로 영향을 주게 됩니다. 심지어 처음 보는 가게더라도 가고 싶은 마음이 생기면 바로 구매로 연결될 가능성도 높습니다.

출처 유토이미지

하지만 창업자는 절대 그렇지 않습니다. 창업비로 본다면 몇천만 원~몇억짜리 상품입니다. 매장 고객과는 다르게 단가가 매우 높은 상품이므로 '고관여 제품'이라고 합니다. 그래서 절대로 한번 노출되었다고 구매나 문의로 이어지는 경우는 잘 없습니다. 더군다나 내가 알지도 못하는 브랜드인데 덜컥 계약하는 경우는 더 없습니다. 그러기 때문에 매장고객과 창업 고객은 마케팅 전략을 다르게 가져가야 할 수밖에 없습니다.

고관여 제품의 구매는 기본적으로 '퍼널'이라는 단계로 진행됩니다. 먼저 브랜드에 대한 인지부터 시작합니다. "저희는 이런 브랜드예요. 모르시는 분은 한번 알아보세요"라는 느낌을 지속적으로 인지시킵니다. 다음으로 '관심'을 가지게 만들어야 합니다. 그래야 이 브랜드에 대해 좀 더 구체적으로 알아볼 테니까요.

출처 유토이미지

2. 필요한 자료의 종합 및 정리: 브로슈어 역할

그런데 그런 관심이 금방 사라질 가능성이 높은 것이 바로 '정보의 분산'입니다. 관심이 생기려고 좀 찾아봤는데, 원하는 정보가 없으면 찾는 데 시간이 걸립니다. 그러다 보면 답답하고 짜증 나서 더 이상 찾아보지 않게 되죠. 정보의 분산 및 부재로 생기는 고객의 이탈을 막기 위한 것이 바로 창업자용 랜딩페이지입니다.

일반적으로 해당 브랜드에 대한 정보를 브로슈어 형태로 많이 배포합니다. 본사에서 어필하고 싶은 강점, 많이 하는 질문들에 대한 Q&A, 이런 정보들을 통해 창업자가 원하는 정보를 한데 모아서 보여줍니다. 창업자용 랜딩페이지는 이런 '온라인 브로슈어' 역할을 한다고 보면 됩니다.

그런데 종이로 만든 브로슈어보다 온라인 브로슈어가 가지는 장점이 있습니다. 바로 이미지와 영상으로 보여줄 수 있다는 것입니다. TV에 출연한 영상, SNS에서 올라온 영상, 고객이 촬영한 리뷰형 영상 등 종이 책자 브로슈어의 한계를 랜딩페이지에서는 보여줄 수 있습니다.

출처 구글 이미지

3. 설득력을 높일 수 있다: 이미지, 영상 활용

여기서 랜딩페이지의 장점인 '설득'으로 연결됩니다. 아무래도 텍스트가 많고 글자가 많은 브로슈어보다 훨씬 가독성이 높습니다. 움직이는 화면, 영상 등 원하는 정보를 좀 더 쉽게 접할 수 있도록 만들어서 설득력을 높일 수 있습니다.

거기다 브로슈어는 배포하는 지역과 인원의 한계가 있는데, 랜딩페이지는 온라인 링크만 있으면 되기 때문에 광고나 링크 배포 등을 통해 지역과 인원의 제한 없이 원하는 만큼 원하는 곳에 뿌릴 수 있습니다. 문의가 온 곳이 먼 지역이라고 해도 해당 링크를 통해 빠르게 좀 더 많은 정보를 제공할 수 있습니다.

출처 유튜브 영상

4. 리타기팅 모수 수집 및 지속 활용

온라인 마케팅에서 랜딩페이지의 가장 큰 이점이 바로 '리타기팅'입니다. 앞서 말한 바와 같이 창업은 매우 비싼 고관여 제품이기 때문에, 절대 한 번 광고를 본다고 문의를 하거나 구매하지 않습니다. 일반적으로 브랜드를 인지하고, 관심을 가진 뒤 실제로 가서 먹어보고 나서 만족도가 높으면 문의나 구매로 넘어가게 됩니다.

이런 고관여 제품 구매 대상들에게는 오랜 기간에 걸쳐 여러 번 브랜드를 노출해야 합니다. 그렇게 브랜드를 지속적으로 인지시키고, 관심을 가지게 하는 과정. 그게 바로 리타기팅의 핵심이고 랜딩페이지를 만들어야 하는 큰 이유 중 하나입니다. 그렇다면 기존에 있는 브랜드 홈페이지를 쓰면 되지 않느냐고 할 수 있지만, 그렇게 되면 효율이 크게 떨어집니다.

브랜드 홈페이지는 메뉴나 지점을 보러오는 고객은 BtoC 고객과 창업 BtoB 고객이 혼재해 있습니다. 일반적으로 홈페이지 유입 비율을 보면, 창업 고객이 홈페이지 전체 방문자의 10~ 15% 정도밖에 차지하지 않습니다.

따라서 홈페이지에 방문자를 대상으로 리타기팅을 하게 되면 광고를 보는 유입자의 10~15% 정도만이 창업 타깃이기 때문에 효율이 떨어질 수밖에 없습니다. 하지만 창업자 랜딩페이지는 전체 유입자의 60% 이상이 창업자로 구성되어 있기 때문에, 리타기팅을 하더라도 홈페이지보다 2~3배 이상의 효율을 낼 수 있습니다.

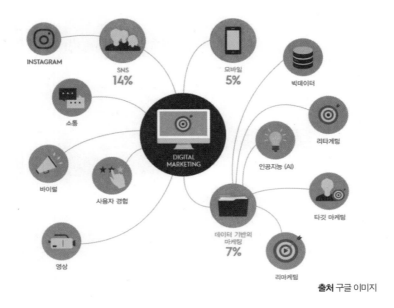

출처 구글 이미지

5. 성과 분석 및 개선(최적화)

랜딩페이지를 통해 유입자들의 행동을 추적하고 분석함으로써 성과를 데이터로 측정할 수 있습니다. 이를 통해 광고의 효과를 파악하고, 개선점을 찾아내어 좀 더 효율을 올릴 수 있습니다.

SNS로 몇 명이 왔고 문의를 몇 건 남겼는지, 홈페이지에 몇 분 동안 머물렀는지, 네이버를 통해 들어온 사람들은 어떠한 키워드를 쳐서 들어왔는지 등 다양한 데이터들을 수집할 수 있고, 이 데이터들을 분석해 좀 더 효율을 올릴 수 있는 다양한 개선점을 찾을 수 있습니다.

그리고 문제점을 찾아 개선하기도 쉽습니다. 애초에 페이지 유입수가 적다면 콘텐츠나 예산의 문제이므로 그 단계에서 해결해야 하며, 페이지에 들어온 사람들이 빠르게 나간다면, 페이지에 문제가 있기 때문이므로 페이지를 개선해야 합니다. 그리고 체류시간은 긴데 문의가 잘 안 온다면 혜택이나 매력을 끌어올릴 요소를 찾아야 합니다.

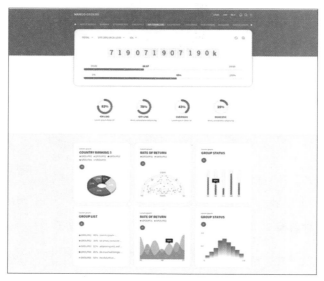

출처 유토이미지

이렇듯 랜딩페이지를 통해 할 수 있는 것들이 매우 많으므로 랜딩페이지 제작은 필수라고 볼 수 있습니다.

(2) 가맹 모집 랜딩페이지 제작 노하우

가맹점 모집을 위한 홈페이지(랜딩페이지)를 따로 제작해야 하는 이유는 앞서 설명했으니, 이번에는 랜딩페이지 제작 노하우에 대해 정리해 보겠습니다.

1. 최대한 쉽게 정리해야 한다

해당 브랜드의 창업자들을 위한 정보만을 모아놓았기 때문에, 창업정보를 한눈에 봐도 이해하기 쉽도록 간결하게 정리해야 합니다. 일반적으로 창업자들이 궁금해하는 내용은 대부분 비슷하기 때문에, 그 내용을 얼마나 이해하기 쉽게 정리해서 보여 주느냐에서 이탈률을 줄일 수 있습니다.

출처 유토이미지

2. 차별점을 발굴해야 한다

창업비/수익율/매출 등 일반적인 정보를 알기 쉽고 간략하게 제공했다면, 이제는 차별점에 대해 어필해야 합니다. "왜 우리 브랜드를 창업

해야 하는가?" "우리 브랜드를 창업하면 어떤 이점이 있는가?"라는 질문에 해답을 주어야 합니다. 결국, 우리 브랜드를 선택할 수밖에 없는 '명분'을 만들어야 한다는 것이죠.

그리고 해당 내용을 USP User Selling Point로 정리해서 보여 주면, 훨씬 설

창업 특장점을 리스트업하여 내 브랜드의 장단점을 파악하는 것이 가장 중요

창업 USP user selling point 양식

구분	구분	특이사항
점주관련	점주 만족사항	□ 창업비용 최소 □ 탄탄한 본사물류시스템 □ 영업사원(sv)에 의한 체계적인 점포관리 □ 원자재 상승으로 인한 물류비 상승분 지원 □ 다양한 배달앱 행사로 인한 부담금 경감
	점주 연령대	□ 30~50대
	평균 매장 운영기	□ 평균 10년
	재계약율	□ 90%(2년 이상)
	홀+배달/ 배달전문 매장 비율	□ 40/60
매장오픈 관련	개발필요지역	□ 지방, 수도권
	현 오픈매장수 / 오픈예정 매장수	□ 50 /4
	지원항목, 오픈시 타 프랜차이즈와 차별되는 점	□ 업계 최소 창업비 : 타 브랜드 대비 70%선 □ 업계최대 1500만원 창업지원 □ 운영방식에 따라 20~25% 수익율
	SV 교육프로세스 (기간, 중점적으로 하는 부분, 알바생교육, 지역매장 방문 횟수, 매뉴얼 자료)	
	매출 안나올 때 본사 지원 프로그램 (리프레쉬 시스템/회생프로그램 등 디테일하게)	□ 판매 활성화 클럽 제도운영 　중간 매출 나오는 여러점포 점주님들께 상위 매출이 나올수 있도록 매출활성화 방안을 제안하고 　본사가 지원해주는 제도로 매월 거점지역에서 운영팀장 주체로 미팅 진행 □ 시식차 운영에 따른 점포 홍보활동 　판매촉진부서에서 신규오픈매장이나 판매부진매장 등 신청 매장을 선별해서 본사직원들이 　현장에가서 시식차에서 시식행사 등 홍보활동 □ 매출증대를 위한 배민울트라콜지원 제도 　깃발 지원 □ 마케팅 전략 점검 및 컨설팅
	상권보호를 위한 내부 점포 오픈전략	
매출관련	매장 월 평균 매출	□ 평균 2천만원 / 일평균 66만원
	최고 매출매장	000점 (오전 10시~새벽 5시까지)(19시간) 긴 운영으로 단골고객 다수 확보
	신규매장 중 매출 우수매장 ex. ##점 오픈 3개월만에 ##만원! (최근)	
	다점포매장 점주수 / 점포수	
	업종변경 후 매출 증대 사례 (최근)	
	D권 상권 매출 최대 매장/매출수	
	00업종 평균 마진율 vs 00브랜드 마진율	00브랜드 48~50% (순수익 X), 순수익으로 볼 시 20~25% 선
	동종업계 평균 마진율	
창업 대면미팅	대면 미팅 시 배포용자료/내부자료	
	계약 후 진행 프로세스	
	대면미팅 주 내용	
	창업자들이 자주 묻는 질문&대답리스트	
원재료관련	개인매장, 타 동종업계브랜드와의 차이점	
	원재료 연육/숙성 등 차이점	
	식자재 배송시스템	

142

득력을 높일 수 있습니다.

3. 브랜딩의 중요한 요소, 디자인

브랜드 이미지와 비슷하게 톤앤매너를 맞추고, 랜딩페이지의 디자인을 매력적으로 뽑아야 합니다. 브랜드를 처음부터 인지하고 있는 경우도 많지만, 온라인 고객 대부분은 처음 접해보는 경우가 많을 것입니다. 그들이 처음 느끼는 브랜드의 이미지가 좋지 않으면, 당연히 전환율이 떨어질 수밖에 없습니다.

반면에 브랜드의 랜딩페이지 이미지가 좋으면 오프라인 매장으로 전환율도 올라갑니다. 이런 느낌의 매장을 내가 운영할 수 있다고 생각해, 디자인만으로도 설득력을 높일 수 있습니다. 그리고 글씨 폰트까지도 디자인의 영역에 속하기 때문에 디자인이 좋으면 가독성이 높아져 설득

출처 유토이미지

력을 높이고 이탈률을 낮추는 데 큰 역할을 합니다.

4. 상담 신청 및 문의 양식

상담 신청을 받는 양식은 양날의 검입니다. 문의를 많이 받고 진성률을 낮출 것이냐, 문의를 적게 받아도 진성률을 높일 것이냐의 문제에서 선택해야 합니다.

문의를 남기는 예비창업자 입장에서, 문의 양식이 많으면 귀찮아서 안 남길 확률이 높습니다. 하지만 진짜 관심이 많은 충성고객이라면, 문의 항목이 많아도 시간을 써서 문의를 남깁니다.

반대로 문의 항목이 너무 적으면 문의는 많이 오지만 진성률이 확연히 떨어집니다. 편하게 문의를 남길 수 있으니 여기저기 비교하면서 알아보는 예비창업자 입장에서는 편하게 문의를 넣을 수 있습니다.

귀찮아질수록 진성률이 높아질 수밖에 없습니다. 그런 기준에서 가장 진성률이 높은 문의는 본사로 직접 전화가 오는 것입니다. 직접 전화

출처 구글 이미지

를 할 정도면 정말 관심이 있어서겠죠.

5. 반드시 모바일 최적화가 되어 있어야 한다

대부분의 창업자는 많이 고민하고 여기저기 알아보고 문의를 남기지만, 그렇다고 PC로만 하는 것은 아닙니다. 일반적으로 PC와 모바일의 유입 비중을 보면, 2:8 정도의 비율로 모바일이 압도적으로 많습니다.

그렇다고 PC버전을 신경 쓰지 않으면, 많은 정보를 찾아보려고 PC로 들어갔을 때 사이즈가 변경된다거나 짤려서 보입니다. 그렇게 되면 브랜드 이미지가 나빠지므로, 반드시 PC/모바일 최적화를 한 랜딩페이지를 사용해야 합니다.

6. 랜딩페이지 A/B 테스트

랜딩페이지의 효율을 측정하기 위해 A/B 테스트를 진행하는 것이 좋습니다. A/B 테스트란, 랜딩페이지에 다양한 변수를 만들어서 효율을 측정하고 테스트하는 것입니다. 이를 통해 어떤 디자인이나 메시지가 가장 효과적인지 파악하고 마케팅 효과를 극대화할 수 있습니다.

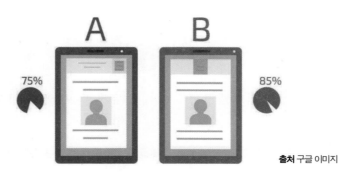

출처 구글 이미지

7. 각 채널에 있는 콘텐츠를 연결해야 한다

랜딩페이지에서 보여 주지 못하는 상세한 내용이나 최신 정보들은, 블로그나 인스타그램과 연동해서 충분히 해결할 수 있습니다. 랜딩페이지를 잘 만들었더라도, 다른 채널과 연동을 통해 시너지 효과를 극대화해야만 성과를 훨씬 더 높일 수 있습니다.

출처 유토이미지

8. 사이트 유입 트래픽을 분석하여야 한다

랜딩페이지로 들어오는 고객들이 네이버를 통해 오는지 아니면 SNS를 통해 오는지, 그리고 네이버로 들어온 유입이 상담 신청을 많이 남겼는지, 배너광고를 통해 들어온 유입이 많은지 알아야 광고 채널과 예산도 적절히 조절할 수 있습니다. 그러기 위해선 로그분석(유입분석)을 할 수 있는 사이트나 프로그램을 활용하는 것이 매우 중요합니다. 대표적인 프로그램은 구글애널리틱스^{GA}, 에이스 카운터 등이 있습니다.

출처 구글 이미지

9. 랜딩페이지 구성에는 반드시 타깃에 대한 분석이 필요하다

랜딩페이지를 구성할 때 반드시 핵심고객에 대한 분석이 필요합니다. 예를 들어 배달전문 매장인지, 홀매장인지 구분이 되어야 창업자도 구분이 됩니다.

소자본으로 배달전문 매장을 알아보는 창업자와 예산이 충분해 홀매장을 알아보는 창업자는 목표 자체가 달라집니다. 배달전문 창업자를 위해서는 구성과 내용에 배달에 특화된 내용을 넣어야 할 테고, 홀매장 창업자를 위해서는 홀운영에 대한 노하우를 포함해야 합니다.

이렇듯 예비창업자 중에서도 타깃이 무엇이냐에 따라 내용에 들어가는 구성이 달라질 수밖에 없으니, 구체적인 타깃을 정하고 해당 타깃이 보고 싶어 하는 정보와 설득력 있는 내용으로 구성해야 합니다.

출처 셔터스톡

10. 챕터별로 임팩트 있는 제목을 정해야 한다

랜딩페이지의 메시지는 구체적이고 간결해야 합니다. 그러기 위해선 챕터별로 강조하고자 하는 내용을 임팩트 있고 설득력 높게 풀어내야 합니다. 예를 들어, '높은 마진율'이라는 단어보다는 "1억 매출하고 2,000 버실래요, 6천 매출하고 2,000 버실래요?"라는 구체적인 내용이 더 와닿을 수밖에 없습니다.

여기서 중요한 것은 임팩트를 어떻게 풀 것이냐입니다. 일반적으로 마케팅 슬로건이나 키 카피를 짤 때, 3가지 기준이 있습니다.

1) 긍정보다는 부정

"지금 하면 혜택이 많아요!"보다 "지금 안 하면 혜택을 놓칩니다!"가 훨씬 임팩트가 강합니다.

2) 숫자로 설득력 높이기

"점주 대부분이 젊은 분들입니다!"보다 "30대 점주 비중이 80% 이상인 브랜드!"가 훨씬 와닿습니다.

3) 무채색보다는 원색

아무래도 원색 계열의 디자인이 눈에 띌 수밖에 없습니다.

(3) 프랜차이즈 가맹 모집 마케팅 채널 종류

가맹광고는 1편에서 다뤘던 매장광고와는 완전히 다릅니다. 그럴 수밖에 없는 이유는, 저관여/고관여 제품의 차이 때문입니다. 식당에 가서 먹는 음식은 저관여 제품입니다. 그래서 사람들은 크게 고민하지 않습니다.

설령 생각보다 맛이 없어서 괜히 왔다는 생각이 들더라도, 큰 비용을 투자한 것이 아니기 때문에 다음에는 절대 오지 말아야지 정도로 마무리가 됩니다.

하지만 가맹광고는 그렇지 않습니다. 비용도 비용이지만, 한 사람의 인생을 바꿀 수도 있을 정도로 큰 영향력이 있는 선택입니다.

그래서 창업자들은 절대로 하나의 광고, 한 번의 상담으로 이런 큰 결정을 하지 않습니다. 고관여 제품 중에서도 초고관여 제품이 바로 창업입니다.

프랜차이즈 가맹점 창업을 생각하는 분들의 일반적인 과정을 살펴보겠습니다. 창업을 해야겠다고 마음을 먹으면 일단 정보를 모으기 시작합니다.

내가 원하는 업종이 뭔지 파악하고 얼마가 드는지, 장소는 어디로 해야 할지 등 기본적인 정보를 모은 뒤 마음에 드는 브랜드들을 찾아봅니다. 홈페이지 파도타기를 하며 비교하기 시작하죠.

이제는 검색이 필수인 시대

출처 구글 이미지

A 브랜드는 트렌디해서 매출은 높은데 창업비가 비싸고, B 브랜드는 창업비는 싼 대신에 매출이 적고, C 브랜드는 1년 내내 안정적인 매출이 나오는 점이 메리트가 있고… 이렇게 본인의 상황과 성향에 맞는 브랜드들을 찾아다닙니다.

그리고 최종적으로 추려진 브랜드가 나오면 시식을 하러 다닙니다. 내가 평생을 운영하게 될지도 모르는 매장의 음식을, 먹어보지도 않고 차린다는 건 말도 안 되죠.

반드시 시식은 필수입니다. 그렇게 최종적으로 정해진 브랜드가 있으면 상담 문의를 남기거나 본사에 전화를 합니다.

이 과정에서 다양한 채널로부터 정보의 노출과 습득이 이루어집니다.

포털 검색 - 검색광고 - 홈페이지 - 문의

포털 검색 - 블로그 - 홈페이지 - 문의

SNS - 게시물 - 홈페이지 - 문의

SNS - 게시물 - 포털 검색 - 홈페이지 - 문의

유튜브 - 영상 - 링크 - 홈페이지 - 문의

유튜브 - 영상 - 포털 검색 - 홈페이지 - 문의

유튜브 - 영상 - SNS - 포털 검색 - 홈페이지 - 문의

광고 유입 루트는 채널별로 매우 다양함

출처 노마드 포레스트

위와 같은 과정을 계속 되풀이하다가 종합적인 결정을 내리게 되죠. 그 결정에 관여하는 것이 비단 온라인 정보만은 아닐 테지만, 이젠 온라인의 영향력을 무시할 순 없습니다.

옛날만 하더라도 가맹 모집 대행사나 인큐베이팅 업체를 통해서 계약이 많이 이루어졌습니다. 하지만 이제는 온라인에 정보를 제대로 노출하지 않고, 마케팅을 아예 하지 않고 가맹점 모집을 하기에는 힘든 세상이 되었죠.

이런 정보를 찾는 과정에서 마케팅으로 풀 수 있는 요소가 대단히 많습니다. 그중 가장 효율적인 방법이 바로 '리타기팅'입니다. 리타기팅이란 쉽게 말해 내 브랜드를 인지하고 있는 고객들에게 지속적으로 내 브랜드를 알리는 광고라는 뜻입니다.

이를 마케팅에 적용해보면 홈페이지에 한 번이라도 들어왔던 사람들에게 지속적으로 광고를 보여 주고 따라오게 하는 거죠.

앞에서 보았던 다양한 채널에서 마지막엔 결국 홈페이지로 들어오는 것을 알 수 있습니다. 홈페이지로 들어온 고객들은 내 브랜드를 알고 있습니다.

마케팅 측면에서 본다면, 내 브랜드를 인지하는 고객과 그렇지 못한 고객 사이의 광고 효과는 최소 5배 이상, 많게는 수십 배가 납니다. 그도 그럴 것이 무슨 브랜드인지도 모르는데 관심을 가질 사람이 얼마나 될까요?

결국, 고관여 제품인 '창업'은 한 번만 보여 주어도 매장으로 유입시킬 수 있는 저관여 제품에 특화된 바이럴 광고와는 다른 방식으로 접근해야 합니다.

고관여 제품일수록 많은 단계를 거쳐 구매 결정이 이뤄진다

Sales Funnel   판매 깔때기

Awareness: 인식
Interest: 관심
Consideration: 고려
Intent: 의지
Evaluation: 평가
Purchase: 구매

출처 구글 이미지

오래 고민하는 고객들에게 지속적으로 광고를 보여 주고 설득하는 과정인 '리타기팅'에 특화된 유료 광고로 진행해야 된다는 뜻이죠.

리타기팅에 포커스를 둔 가맹광고는 기본적으로 비슷한 과정으로 세팅을 하게 됩니다. 먼저 홈페이지나 가맹점 모집만을 위한 랜딩페이지를 개설하고 그 안에 다양한 가맹정보를 넣습니다.

그리고 다양한 채널에서 유료 광고를 통해 홈페이지로 유입시킵니다. 그렇게 유입된 방문자들에게 리타기팅을 통해 지속적으로 브랜드의 정보나 소식을 전달합니다.

이제 가맹점 모집에 가장 효율적인 채널들을 보도록 하겠습니다.

1. 네이버 검색광고

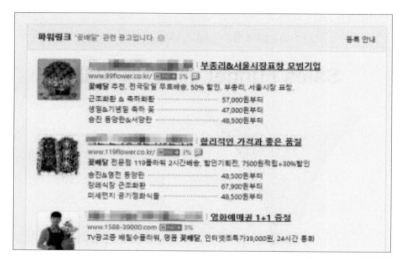

출처 네이버 광고 가이드

프랜차이즈 본사에서 가장 많이 하는 가맹 모집 광고가 네이버 검색 광고입니다. 당연히 대한민국에서 가장 많은 사람이 찾아보는 포털이기 때문이겠죠. 검색광고가 직접 와 닿는 성과나 문의하시는 분들의 진성 률이 가장 좋은 건 확실합니다.

하지만 여기에도 문제는 있습니다. 바로 광고비가 너무 비싸다는 겁니다. 경쟁이 워낙 심하다 보니 웬만한 키워드들은 입찰가가 상당히 높습니다. 특히 창업 쪽에서는 클릭당 1만 원이 넘는 경우도 허다합니다.

네이버 검색광고뿐만 아니라 가맹점 모집 광고에서 가장 중요한 것은 결과로 알 수 있는 '효율'입니다. 실제로 사례로 보겠습니다. 한 달 동안 1,000만 원을 가맹광고비로 썼을 때, A브랜드는 계약이 1개가 되었고, B

브랜드는 5개가 계약되었습니다.

단편적으로만 보면 A보다 B가 훨씬 결과가 좋아 보이겠지만, A 브랜드는 1개 계약하면 본사에 이득이 오픈 후 1년 정도를 합해 2,000만 원 정도이고 B 브랜드는 가맹비, 교육비, 로열티까지 다 면제해주고 인테리어도 자체 시공이 가능한 배달전문 브랜드라 본사의 이득이 500만 원도 되지 않습니다.

우리 브랜드에서 1개 매장을 출점했을 때 본사의 수익은 얼마인지를 미리 알고 거기서 역으로 목표출점수, 예산 등을 짜서 KPI를 설정하는 방식으로 효율을 측정하지 않으면, 결국 지점이 늘수록 적자만 계속 쌓이는 구조가 되어버립니다.

이런 연장선상에서 가장 중요한 것은 '효율'이며, 그런 측면에서 보았을 때 네이버만으로 가맹점 모집 광고를 하기에는 효율이 너무 좋지 않습니다.

그렇다고 안 할 수는 없으니, 처음에는 검색광고를 전체 예산의 30% 정도로 편성하여 다른 채널들과 성과를 비교해보면서 측정하는 것이 가장 좋습니다.

내 브랜드를 찾아볼 만한 창업자가 가장 검색을 많이 할 것 같은 시간, 요일, 키워드 등을 최대한 구체적으로 반영하여 새는 돈을 아끼는 방식으로 운영하는 것이 최선이라고 볼 수 있습니다.

한 가지 팁을 더 드리면, 네이버에서 제공하는 프리미엄 로그 분석이나 다양한 트래픽 분석 툴(구글 애널리틱스, 에이스 카운터 등)을 활용하여 홈페이지에 들어오는 유입자들의 검색키워드나 시간대, 체류시간 등을 실시간으로 모니터링하다 보면 훨씬 더 유의미한 성과를 얻을 수 있습니다.

2. SNS 광고

출처 메타 광고 화면

SNS 채널은 네이버 검색광고와 정반대의 방법이라고 볼 수 있습니다. 검색광고는 찾아보는 사람들에게 보여 주는 광고라면, SNS는 가능성이 높을 것 같은 사람들에게 찾아가는 광고입니다. 그래서 타깃들을 찾아간다 해서 '타깃광고'라고도 합니다.

그래서 얼마나 타기팅을 잘하느냐와 콘텐츠를 잘 만드느냐에 따라 효율 차이가 매우 심합니다. 하지만 잘 활용할수록 매우 효율적인 채널이라고 볼 수 있습니다.

하지만 타기팅을 아무리 잘하더라도 관심이 있어서 찾아보는 사람들보다 진성률이 높을 수는 없기 때문에 허수 문의나 질 낮은 문의가 많을 수밖에 없습니다.

그래서 본사의 TM담당은 SNS 문의를 좋아하지 않습니다. 질 낮은 문의들이 많은데 굳이 그걸로 마케팅 해야 되는지 묻는 분들도 많으십니다.

그렇지만 앞서 말했든 가맹광고는 '효율'이 가장 중요합니다. 결론적으로 같은 비용을 썼을 때 검색광고보다 SNS 광고가 더 성과가 좋다면 안 할 이유가 없겠죠?

심지어 페이스북/인스타광고는 지구상에서 가장 타기팅을 잘하는 '머신러닝'과 '최적화'라는 필살기까지 보유하고 있습니다.

물론 본사의 성향과 맞지 않아 SNS광고를 선호하지 않는 곳들은 어쩔 수 없겠지만, 일반적으로 가맹점 모집을 위한 SNS광고는 시간이 지날수록 검색광고보다 훨씬 효율이 좋아지니, 반드시 하는 걸 추천합니다.

3. 배너 광고

앞서 얘기했던 리타기팅 광고를 가장 잘 적용할 수 있는 채널이 배너 광고입니다. 다른 말로 디스플레이^{display} 광고라고도 합니다. 우리가 일

출처 실제 광고화면

반적으로 뉴스 기사나 인터넷을 할 때 귀찮을 정도로 따라다니는 광고입니다.

그런 광고가 왜 효과가 있는지 궁금해하시는 분들이 많지만, 가장 큰 강점은 절대적인 '노출량'에 있습니다. 검색광고로 100명한테 노출될 금액이면, SNS는 1,000명, 배너광고는 10,000명에게 노출됩니다. 같은 값인데 노출량은 100배가 넘죠. 이를 잘 활용하면 매우 효율적인 채널로 장기적으로 활용할 수 있습니다.

홈페이지에 3개월 전에 들어와 창업을 고민하다가 코로나 때문에 포기했던 직장인에게, 이젠 코로나도 지나고 있으니 다시 우리 브랜드를 봐달라고 광고할 수도 있습니다. 홈페이지에 3번이나 들어온 진성률 높은 고객에게 "우리 브랜드 알고 있으시죠? 지금 가맹비/교육비 면제 기간이니 얼른 문의주세요"라고 프로모션도 알릴 수 있습니다.

배너광고가 가지는 부정적인 이미지도 없진 않겠지만, 그걸 초월할 만큼 적은 비용으로 많은 노출을 할 수 있다는 것은 큰 장점입니다. 노출이 많이 되면 브랜딩 효과까지 덤으로 같이 가져갈 수 있습니다. "계속 보이는 거 보니 여기 잘나가나 봐" "요즘 핫한 창업인가 봐. 계속 보이네"라고 살아있는 느낌도 주게 되죠.

가맹광고로 가장 효과적인 배너광고로는 GDN이나 모비온을 추천합니다. GDN은 지면이 많고 다양한 시도를 통해 우리 브랜드에 맞는 세팅 값을 찾아낼 수 있고, 모비온은 담당자를 통해 가맹광고에 최적화한 사이트들에 노출할 수 있습니다.

프랜차이즈 마케팅 성공 사례

(1) 프랜차이즈 브랜드 홈페이지/랜딩페이지 제작 노하우

이번에는 창업자들이 원하는 정보 혹은 브랜드에 대한 내용을 카테고리별로 정리하고 각 사례를 통해 어떻게 어필하는 것이 효율적인지 알아보도록 하겠습니다.

먼저 창업자들이 가장 궁금해하는 부분과 프랜차이즈 본사에서 강조하는 부분들을 대략 12가지 정도의 카테고리로 분류했습니다.

□ 브랜드 콘셉트/스토리

□ '매출' 강조

□ '메뉴' 강조

□ 프랜차이즈 본사 강조

□ 매장 운영 시스템 강조

□ 마케팅 프로모션

□ 타깃 강조

□ 점주 활용

□ 가맹조건 및 금액

□ 창업비 강조

□ 영상 활용

□ 기타

(이 분류 기준은 필자가 진행했던 본사의 가맹광고 랜딩페이지들을 종합적으로 분석
한 것으로 지극히 주관적인 견해임을 밝힙니다.)

창업자가 원하는 정보와 프랜차이즈 본사가 보여 주고 싶은 정보는
본질적으로 같을 수 없습니다. 창업자들은 실패 가능성을 최소화하고
성공 가능성이 가장 높은 브랜드를 선택하기 위해 최대한 객관적인 정
보와 비판적인 시각으로 판단할 수밖에 없고, 본사는 성공 가능성에 포

출처 구글 이미지

커스를 두어 잘될 수밖에 없는 긍정적인 부분만을 보여 주길 원하기 때문입니다.

그래서 양쪽의 니즈를 얼마나 효율적으로 균형 있게 풀어내느냐가 가맹점 모집 광고의 핵심이라 해도 과언이 아닐 것입니다.

너무 한쪽으로 치우쳐 버리면, 창업자의 입장에서는 사기 혹은 과장 광고로 비추어질 수 있고, 본사의 입장에서는 너무 솔직해져 버리면 차라리 안 하느니만 못한 광고가 될 수 있습니다.

그렇다면 위의 12가지 분류 기준들에 해당하는 내용을 적용한 사례들을 보면서, 어떻게 풀어내는 것이 가장 효율적인 방법인지 보도록 하겠습니다.

참고로 카테고리별 사례로 사용한 이미지는 저희가 직접 기획/구성/제작한 콘텐츠이며, 해당 콘텐츠들을 활용한 랜딩페이지를 통해 짧은 기간에 많은 가맹점을 개설한 경험을 토대로 구성했습니다.

※ 사례로 활용한 콘텐츠 이미지를 통한 브랜드 성과:

- 6~8개월 동안 50개 이상 출점한 소자본 카페 브랜드 랜딩이미지

- 노후화된 이미지를 개선하여, 리브랜딩이 잘된 랜딩이미지

- 레트로 브랜드 이미지를 살려 6개월 동안 대형 평수 50개 이상 출점한 랜딩이미지

□ **브랜드 콘셉트/스토리**

'브랜드 콘셉트/스토리'에서는 앞에서 강조했던 '오로지 우리 브랜드만 가지고 있는 스토리'에 대한 내용입니다. 브랜드를 가장 먼저 어떻

게 보여줄 것인가에 대한 부분으로 '브랜드의 첫인상'이라고 할 수 있습니다.

1. 인테리어 콘셉트 강조

브랜드 스토리로 가장 많이 어필하는 포인트가 바로 '인테리어'입니다. 브랜드의 콘셉트, 이미지, 톤 & 매너 등을 가장 잘 반영하고 보여 주는 곳이 바로 매장 인테리어고, 매장의 인상이 곧 브랜드의 이미지로 직결되기 때문입니다.

출처 노마드 포레스트

→ '술 맛나는 분위기'를 슬로건으로 인테리어를 강조. '오래된 브랜드'라는 느낌을 '옛날부터 익숙한 경험과 추억을 선물하는 곳'이라는 느낌으로 리브랜딩 한 사례. 깨끗하면서 익숙하고 편안한 느낌을 받을 수 있도록 매장 인테리어 사진을 다양하게 보여줌으로써 기존의 이미지를 개선.

주황색 천막, 포장마차 인테리어로 추억과 새로움을 동시에!
청년들은 레트로를 노년들은 추억을 -
남녀노소 모두다 즐길수있는 서울포차!

출처 노마드 포레스트

→ '포장마차 = 레트로(옛날 감성)'라는 이미지를 활용하여 주황색 포장마차 천을 둘러서 브랜드 아이덴티티를 극대화한 사례. 멀리서도 건물에 주황색 포장마차 천이 보이면서 해당 브랜드가 인지되도록 강렬한 콘셉트로 젊은 고객층에 어필.

2. 브랜드 탄생 스토리

브랜드가 생기게 된 스토리를 공감에 호소, 어필하여 진정성 혹은 당위성을 부여하면 브랜드 충성도가 높아진다는 장점이 있지만, 자칫 잘못되면 오너리스크와 같은 반대급부를 통해 이미지가 실추될 수 있다는 단점도 있다.

출처 노마드 포레스트

→ 젊은 대학생이 어떻게 브랜드를 만들 결심을 했는지에 대한 이야기. 창업도전과

과정 및 성공한 결과를 스토리를 통해 보여 주어, 창업자들의 공감을 이끌어 실제 6개

월 만에 50호점 이상 가맹 개설을 달성한 성공 사례.

출처 노마드 포레스트

→ 바리스타 출신 대표가 자신의 이름을 내걸고 경험을 토대로 풀어낸 사례. 실제 기존의 가맹점 확장도 컨설팅의 방식으로 많이 출점하여 이를 스토리로 만들어 공감을 이끌어 성공한 사례.

3. 브랜드 노하우 강조

브랜드 본점 혹은 직영점이 잘되었던 노하우를 통해 어필하는 경우, 창업자들의 호기심과 궁금증을 유발하여 관심도를 높일 수 있다.

출처 노마드 포레스트

→ "하루 400잔 파는 카페, 대체 뭐가 다를까?"라는 질문으로 궁금증을 유발. 실제 경험에 근거한 노하우를 대략 언급하여 많은 문의를 유도. 추가로 매출전략에 대한 항목들을 가독성 높게 배열하여 설득력을 높임.

4. 브랜드 콘셉트 강조

　경쟁사 혹은 타 브랜드와 확실한 콘셉트의 차이가 있는 브랜드는, 브랜드 이미지에 어필하고자 하는 내용을 녹여 다양하게 활용할 수 있다.

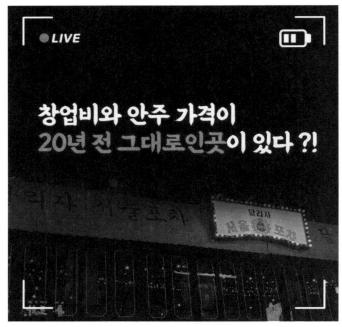

출처 노마드 포레스트

→ 실제로 대형 평수를 업종 변경하는 경우에도, '포장마차 천'이라는 시그니처 아이템을 활용하여 타 경쟁사 대비 압도적인 인테리어 비용 절감이 가능하다는 내용을, 레트로한 브랜드 이미지에 맞도록 재구성하여 어필한 사례. 실제 해당 랜딩페이지를 통해 6개월 만에 54호점 출점.

□ 매출 강조

앞의 브랜드 콘셉트/스토리에서 강조했던 부분은 본사가 고객에게 보여 주고 싶은 브랜드 아이덴티티에 대한 내용이었다면, '매출 강조'에 대한 부분은 고객이 보고 싶어 하는 정보에 대한 내용입니다.

브랜드 스토리도 중요하지만 현실적인 측면에서 점주가 가장 중요하게 생각하는 부분일 수밖에 없으므로 매출에 대한 부분은 반드시 포함되어야 합니다. 또한 매출에 대한 부분을 보여 주어야 하는 또 다른 이유는, 기존 지점도 매출이 잘 나지 않는다면 새로운 지점이 잘 나올 가능성이 매우 적기 때문입니다.

기존의 브랜드를 프랜차이즈화하는 가장 큰 이유 중 하나는 기존 매장이 매출이 잘 나오니 이 매장을 프랜차이즈화해서 다른 매장들도 같이 매출을 높이려고 하는 목적 때문입니다. 기존 매장이 매출이 잘 나오지도 않는데 프랜차이즈로 푼다는 것은 말도 안 되니까요.

그렇다면 어떻게 매출을 보여 주는 것이 가장 효과적으로 풀어내는 방법인지 알아보겠습니다.

1. 평당 매출액

평수가 작은 매장들은 평당 매출액으로 어필하는 경우가 많습니다. 평당 매출액이 중요한 이유는, 작은 평수면 인테리어나 시설/설비 등 창업비가 낮고 테이블이 적기 때문에 받을 수 있는 손님의 인원수도 적습니다. 그러므로 큰 평수의 매장과 단순히 월 매출만으로 비교하는 것은 메리트가 많이 떨어지기 때문에 평당 매출액으로 비교하는 것이 훨씬 유리합니다.

작은 매장일수록 평당 순수익을 강조하는 것이 중요하다

출처 노마드 포레스트

평균 일매출과 최고 일매출을 같이 보여 주면서 안정적인 매출을 함께 강조

출처 노마드 포레스트

2. 순수익 강조

가게를 운영하는 데 어느 정도의 매출도 물론 중요합니다. 하지만 원가율이 높고 인건비가 많이 들어 순수익이 적다면 아무리 매출이 높아도 고생은 고생대로 하고, 결국 남는 게 없습니다. 그래서 점주들은 사실 매출보다 순수익을 더 중요하게 생각합니다.

특히 주류업종이나 고깃집들은 매출은 높은데 순수익의 비중이 낮습니다. 그리고 하는 일도 힘들죠. 그래서 요즘에는 덜 힘들게 일하고 좀더 많이 가져가길 원하는 점주들이 많아져서 순수익에 대한 관심이 점점 높아지고 있습니다.

지출비용 그래프를 활용하여 순수익을 강조

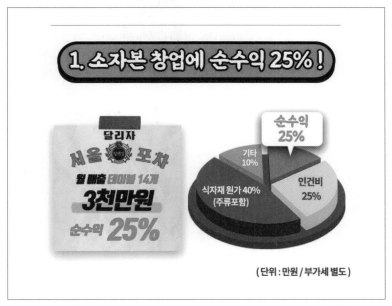

출처 노마드 포레스트

지점별 순수익을 따로 보여 주어 평균 순수익이 높음을 강조

출처 노마드 포레스트

3. 안정적인 매출

카페, 배달 위주의 브랜드들은 계절을 많이 탑니다. 그래서 성수기, 비수기가 극명하게 갈리게 되죠. 하지만 점주들은 매출이 안정적이길 원합니다. 그래서 본사는 이전 점을 어필하여 일정한 매출을 강조할 수 있습니다.

보통 안정적인 매출은 계절을 타지 않는 업종이나 A급 상권보다는 단골률이 높은 B급 이하 상권에서 오래된 브랜드들이 훨씬 안정적입니다.

단골 비중에 높고 연령층이 넓어 안정적인 부분을 강조

출처 노마드 포레스트

4. 매출 구조 다양화

코로나 이후 영업시간 제한, 많은 사람이 모이는 곳에 대한 위험 등 다양한 이유로 외식업 트렌드도 많이 바뀌었습니다. 이제는 커피와 안주도 배달시키는 게 익숙합니다. 그래서 점주들도 이런 불안 요소에 대한 대안을 필요로 합니다.

겨울에 홀 매출이 빠지면 배달도 되는지, 혹시라도 다시 영업시간이 제한되면 점심때 팔 수 있는 메뉴도 있는지 등 걱정하는 부분들을 해결하면서 매출 구조를 다양하게 잡아놓으면 어떤 상황이든 걱정 없다는 내용으로 충분히 어필할 수 있습니다.

다양한 매출 구조를 통해 안정적이고 높은 매출을 강조

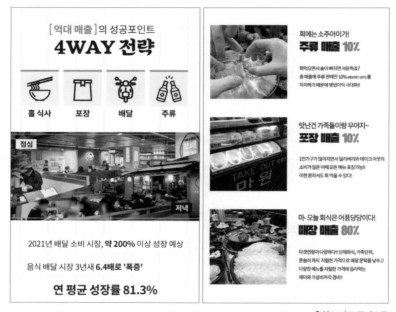

출처 노마드 포레스트

5. 매출 비교

경쟁사보다 우리 브랜드가 낫다는 내용을 매출 비교로 어필할 수 있습니다. 타 경쟁 브랜드와 매출을 비교하는 것만큼 확실한 방법은 없습니다. 그렇다고 없는 데이터를 임의로 만들어서 비교하면 추후 문제의 소지가 있기 때문에 매출 비교 등 데이터를 활용한 콘텐츠는 출처를 분명히 밝히거나 충분한 검증 후에 사용하는 것이 좋습니다.

동종업계 평균 매출과 비교하여 높은 매출을 어필

6. 매출 전략 강조

주 매출원이 타 브랜드 대비 경쟁력이 있다면 그 부분을 강조하는 것도 한 가지 방법입니다. 다른 카페들은 매출이 가장 높은 메뉴가 아메리카노이지만 우리는 다른 메뉴다, 주류 매출이 해당 지역에서 가장 높다, 등 타 경쟁사 대비 우위를 점하는 부분을 강조하는 것도 좋은 전략입니다.

주류 매출이 높은 것을 보여 주며 전략 어필

"정말이에요! 소주 10병 마셨더니,
사이드 안주 10개가 만원이더라구요!"

"우리는 소주 많이 팔아 매출오르고!
손님은 안주를 원가보다
싸게 먹어서 좋고!현실에 안주하지 않고
우리도~ 손님도 ~ 서로 상생하는거지!"

출처 노마드 포레스트

7. 업변 전후 매출 비교

같은 브랜드라도 상권의 차이가 매출에 영향을 많이 주기도 합니다.
하지만 같은 가게가 업변 전후의 매출 차이가 많이 난다면 그건 확실한

코로나로 매출이 줄어 업종 변경을 고민하는 고객에게 어필

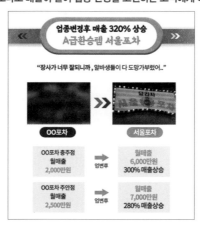

출처 노마드 포레스트

브랜드 파워 때문이라는 반증이 되기도 하죠. 실제로 이런 업변 전후의 매출 차이를 부각해서 어필하는 것도 한 가지 방법입니다.

8. 지점 전체 평균 매출

프랜차이즈에서 매출을 어필할 때 보통은 가장 매출이 잘 나오는 지점의 매출을 보여줍니다. 그래서 객관성이나 신뢰도가 떨어지는 경우도 있는데, 이럴 때 지점 전체 평균 매출을 강조하면 신뢰도를 올릴 수 있습니다. 특정한 지점의 매출을 보여 주는 것이 아니라, 모든 매장의 평균 매출이 높다는 것을 강조하면 창업자 입장에서도 충분히 달성할 수 있는 목표라는 생각이 들어 관심도가 올라갑니다.

전 지점 평균 매출을 통해 신뢰도 상승

Q. 이 시기에 억대 매출이 정말 가능한가요?

A. 미친거 같지만 가능합니다.

불황속에서 [모든 상권 억대 매출]을 찍는
**말도 안되는 현상이
일어납니다**

코로나 유행기 평균 매출액
127,606,500 원

출처 노마드 포레스트

9. 매출 영수증 보여 주기

매출 영수증은 증거와도 같습니다. 실제 매출 영수증이나 포스를 찍은 사진, 만석인 CCTV 사진을 이용하여 자료의 신뢰도를 올리는 전략입니다.

실제 영수증 사진을 활용하여 어필

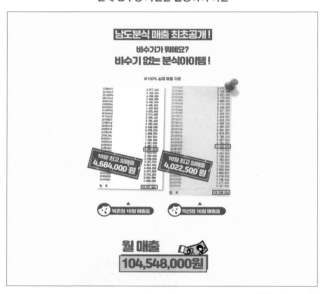

출처 노마드 포레스트

□ 메뉴 강조

우리 브랜드만 보유하고 있는 메뉴를 강조해서 브랜드의 장점과 아이덴티티를 어필하는 전략도 중요합니다. 트랜디한 메뉴이거나, 사람들에게 해당 브랜드를 말하면 특정한 메뉴가 떠오르는 방식으로, 우리 브랜드만의 시그니처 메뉴를 어필하여 설득력을 높일 수 있습니다.

1. 우리 브랜드에서만 먹을 수 있는 독자적인 메뉴 어필

메뉴 자체의 맛 또한 좋아야겠지만, 우리 브랜드에서만 먹을 수 있는 메뉴가 있다는 것은 큰 메리트입니다. 하지만 대부분의 브랜드가 비슷한 메뉴는 반드시 있기 때문에 메뉴명을 특이하게 하든가, 독창적인 플레이팅을 통해 차별점을 구현하는 것도 한 가지 방법입니다.

뭉게뭉게 파스타라는 시그니처 메뉴로 해시태그를 통해 인지도가 올라간 사례

왜 한식과 양식은 함께할 수 없을까? 문득 의문이 들었어요. 그렇게 하나의 예쁜 그릇에 닭갈비와 파스타를 담아보았죠. 비주얼이 생각보다 훨씬 좋았어요. 한식과 양식을 같은 공간, 하나의 플레이트에 담아내면서 남녀노소 누구나 즐길 수 있는 특별한 퓨전음식이 탄생했고, 고객들은 이색적인 식사 경험에 반해버리고 말았습니다.

출처 노마드 포레스트

해당 이자카야 매장에서만 마실 수 있는 시그니처 사케

출처 노마드 포레스트

2. 메뉴 차별화를 통한 매출 기여 강조

독자적인 메뉴뿐만 아니라 메뉴의 객단가가 높은 것을 강조하여, 경쟁사 대비 높은 매출을 어필할 수 있습니다.

아메리카노보다 시그니처 메뉴로 높은 객단가와 메뉴의 차별화를 어필한 경우

출처 노마드 포레스트

3. 세트 메뉴나 메뉴의 조합을 통해 고객의 니즈를 잘 반영한다는 점을 어필하고, 지속적인 조합 개발로 안정적인 매출을 강조할 수 있습니다.

세트 메뉴, 조합의 다양화 등으로 브랜드의 차별화 전략을 어필한 경우

출처 노마드 포레스트

☐ 프랜차이즈 본사 강조

창업자들은 아무래도 본사가 얼마나 믿을 만한지를 가장 중요하게 봅니다. 아무리 매출이 잘 나오고 핫한 브랜드라도 신생 브랜드라면 일단 본사의 능력에 관심을 가질 수밖에 없습니다. 반대로 크거나 오래된 브랜드라면 갑질에 대한 걱정을 먼저 하겠죠.

'과연 이 본사는 관리를 잘해줄까?' '믿을 만한 곳일까?', '갑질하지 않겠지?' 이처럼 점주는 해당 브랜드를 창업하기 전에 가장 마지막으로 고민하는 것이 바로 본사에 대한 믿음입니다. 그래서 본사가 얼마나 믿을 만한 곳인지, 걱정하지 않아도 되는지와 관련된 내용은 중요한 어필포인트입니다.

1. 업력 부각
오래된 본사의 장단점을 통해 어필할 수 있습니다.

오래된 업력에서 오는 장점을 부각하고, 단점을 보완하는 방식으로 어필

업력 13년!
"오래됐다고 구닥다리일거라는 생각은 버려."
트렌드를 선도하는 브랜드

꼬지사께는 멈추지 않습니다. 요즘 시대에 맞게 저희는 **수많은 시장조사**와 **외식 트렌드**를 지속적으로 **연구하고 개발**합니다. 전문 쉐프 인력들이 개발한 신메뉴를 '연 3회 이상' 출시하며 어떠한 브랜드보다도 **앞서가고 있습니다.**

출처 노마드 포레스트

2. 본사의 전문성 강조

본사가 직영점을 많이 운영한다는 것을 보여 주어 본사의 전문성을 어필한 사례

출처 노마드 포레스트

3. 신뢰할 만한 다양한 정보 제공

연구개발, 특허 등 신뢰도를 높이기 위한 다양한 자료를 보여 주는 사례

출처 노마드 포레스트

4. 본사의 고유한 노하우 어필

본사가 보유한 맛의 핵심 노하우를 강조하며 어필

출처 노마드 포레스트

이외에도 다브랜드를 가지고 있는 점을 어필한다거나 매출 규모, 체계적인 점주 관리 시스템 등 다양한 방식으로 본사의 장점을 어필할 수 있습니다.

다음으로 매장 운영 시스템을 강조한 사례를 보겠습니다.

□ **매장 운영 시스템 강조**

매출만큼 중요한 것이 바로 쉬운 운영입니다. 특히 처음 창업을 하시거나 연세가 있으신 분들은 운영 시스템이 복잡하면 애초에 포기하는 경우도 많습니다.

그만큼 매장 운영을 쉽게 할 수 있도록 하는 본사의 역할이 중요합니다. 운영이 쉬우면 인건비가 적게 들거나, 조리 시간이 단축되어 매출에도 영향을 주는 경우가 많으므로 이 부분 또한 본사가 어필해야 할 중요한 포인트입니다.

1. 체계적인 조리 시스템을 통한 쉬운 운영 강조

'원팩시스템'을 강조하여 조리 시간 단축 및 인건비 절감 효과를 어필한 사례

출처 노마드 포레스트

2. 본사의 기술력 어필

본사가 자체 개발한 소프트웨어를 통해, 쉽고 체계적인 운영 시스템을 강조

출처 노마드 포레스트

3. 본사의 지원 내용 어필

본사의 지원 내용을 강조, 다양한 상황이나 운영에 필요한 요소를 제공하는 것을 어필

출처 노마드 포레스트

이외에도 키오스크나 태블릿을 통한 인건비 절감 시스템, 제3자 물류가 아닌 본사 직영물류로 비용 절감, 본사 자체 공장 운영으로 안정적인 재료 수급 등 현재 본사가 보유한 장점을 다양하게 풀어낼 수 있습니다.

□ 마케팅 프로모션

마케팅 프로모션은 양날의 검 같은 항목이기 때문에 내부적인 심사숙고를 통해 결정해야 합니다. 대부분의 상담에서 이렇게 묻는 경우가 많습니다 "저기는 가맹비, 교육비, 로열티 다 면제해주는데 여기는 안 해줘요?"라고 말입니다.

하지만 그 모든 걸 다 면제해준다면 본사에서 점주들에게 해줄 수 있는 것이 없습니다. 본사도 손해 보고 지점을 낼 수는 없으니, 결국 해줄 수 있는 게 없어지고 그 피해가 고스란히 지점에게 돌아가는 것입니다.

사실 가장 이상적인 구조는 이렇습니다. 가맹비/교육비/로열티를 다 받고, 프랜차이즈가 얻는 수익을 다시 점주들의 매출 상승에 도움이 되도록 마케팅, 교육, 관리 등으로 돌려주어야 합니다.

이 와중에서 본사가 너무 남기려고 해도 문제가 됩니다. 결국 서로 상생하기 위해서는 신뢰를 바탕으로 한 배려가 필요합니다.

그렇다면 마케팅 프로모션을 안 하는 것이 나을까? 또 그렇지만은 않습니다. 다른 데는 다 하는데 우리만 안 한다면 이것 또한 지점을 확장하는 데 시간을 지연시킬 것이기 때문입니다. 그래서 내부적으로 많은 고민과 협의가 필요하다는 것입니다.

그렇게 나온 프로모션들은 이런 것들이 있습니다. 일정 매출 이상 나오지 않으면 로열티를 받지 않는 매출 보증제, 10호점까지 한시적 가맹비 면제, 몇천만 원까지 주류대출 지원, 오픈 후 3개월간 마케팅비 지원 등 다양한 프로모션들이 생겨나고 있습니다.

그리고 이런 것들이 정해지고 나면, 해당 내용을 기반으로 다른 홍보용 콘텐츠들과 함께 프랜차이즈 모집 광고를 진행합니다.

이때 SNS에 나온 게시물들을 활용하기도 하고 다양한 후기성 콘텐츠를 함께 보여 주면서 트랜디함을 어필하기도 합니다.

1. 가맹비/교육비/인테리어 면제

내 돈이다- 생각하고 최소의 금액으로 알뜰하게!
창업 초기비용, 부담스럽죠?

터무니없이 비싼 창업 초기 비용, 그냥 다 내셨죠? 저도 물론 다 냈습니다. 가맹비에 로열티, 물류유통비까지 가게 하나 차리는데 드는 돈이 정말 어마어마하더라고요. 전 그게 다 본사의 눈속임 장사라는 걸 뒤늦게 깨달았습니다. 강제 물류유통으로 가맹점의 매출 15% 이상을 가져가고 인테리어 같은 경우에도 필요 이상으로 비싼 금액을 책정하고, 그런 일들이 여전히 비일비재합니다.

출처 노마드 포레스트

이런 비용들을 다 면제해주는 것이 능사는 아니지만, 배달전문 매장이나 밀키트 매장 혹은 특정한 목적을 위해 단기간에 브랜드를 많이 출점하기 원하는 브랜드에서는 확실한 전략이 됩니다.

2. 마케팅에 들어가는 모든 비용을 본사에서 부담

연 4회 이상 프로모션 지원

SNS 홍보비, 디자인, 홍보물 제작비 등 100% 본사가 부담합니다.
왜냐하면 저희는 **여러분의 성공 창업이 최우선**이기 때문입니다.
언제나 **가족점의 매출 증진을 위해** 힘쓰고 온갖 노력을 다하는
SY프랜차이즈, 저희를 믿고 따라오시기만 하면 됩니다.

출처 노마드 포레스트

마케팅 비용을 본사에서 부담함으로써 점주는 가게 운영에만 집중할
수 있도록 혜택을 주는 방식으로, 본사가 브랜드의 이미지나 톤앤매너
를 통합적으로 관리할 수 있어서 일타쌍피의 효과가 있습니다.

3. 한시적 혜택

브랜드의 빠른 출점을 위해 한시적으로 혜택을 주는 방법으로 출점
속도는 빨라지지만, 추후 혜택을 주지 않으면 문제가 발생할 소지가 있

함께 커가는 마당에 굳이 남기려고 안합니다.
평균 창업비용, 5천만원미만! (10평기준)
*인테리어도 기존 본사 컨셉과 유사할시 최소한으로만 변경합니다!

출처 노마드 포레스트

스타벅스에 리저브가 있다면, 우리에겐...

스페셜 라인이 있습니다!

10호점까지 교육비 **0원!**

출처 노마드 포레스트

으므로 심사숙고여 정해야 하는 프로모션입니다.

4. 업종 변경 타깃을 노리고 혜택을 주는 경우

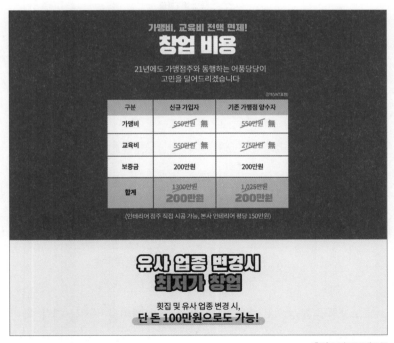

출처 노마드 포레스트

홀이 크고 창업비가 많이 들어가는 경우, 업종 변경을 통해 브랜드 출점을 늘리는 전략입니다. 본사에서 출점 시 수익이 많이 남지는 않지만 홀이 크고 창업비가 많이 들어가는 곳은 애초에 매출 자체가 높으므로, 물류/유통 마진을 목적으로 업종 변경 타깃들을 메인 타깃으로 잡는 방식입니다.

5. 초도용품 무상 제공 프로모션

출처 노마드 포레스트

초도물품을 무상으로 제공함으로써 초기 창업비를 낮추는 전략, 특히 고깃집이나 돈까스 전문점의 경우, 오픈 시 원육을 무상으로 제공하여 수익률을 높여 혜택을 주는 방법을 많이 사용합니다.

6. 한시적 혜택 및 맞춤형 혜택

예비 점주님들을 위해 준비한
창업비용 및 혜택

소형평수 OK! 업종전환 OK!
예산에 맞추어 상담해 드립니다.

✓ 인테리어 자율 시공 가능

✓ 기존 주방집기류 사용 및 자율 구매 가능

✓ 가맹비, 로열티 면제

분식 한식 야식

'석관동 떡볶이'와
'석관분식' 메뉴로
3가지 카테고리 입점 가능!

출처 노마드 포레스트

앞서 설명한 바와 같이, 배달전문 매장 같은 경우 메뉴 자체가 트렌드를 타는 경우가 많아, 빠른 출점이 더욱 중요해지는 상황입니다.

빠른 출점을 위해 본사에서 마진을 최소화하고 다양한 타깃의 환경을 컨설팅 형식으로 풀어 최대한 단기간에 많은 브랜드를 출점할 수 있도록 하는 전략입니다.

창업자가 원하는 프로모션과 본사가 혜택이라고 느끼는 프로모션은 본질적으로 다를 수밖에 없습니다.

각자의 상황에 대한 이해가 부족하기 때문입니다. 그래서 본사는 우리 브랜드를 창업하고 싶어 하는 사람들이 가장 원하는 마케팅 프로모션이 무엇일까를 항상 고민해야 합니다.

이를 잘 파악할 수 있는 가장 좋은 방법은 기존 점주들에게 물어보거나 설문조사를 하는 방법, 창업 상담을 하는 예비 점주에게 물어보는 방법 등이 있습니다. 결국, 가장 최고의 방법은 고객의 니즈를 파악하는 것입니다.

□ 타깃 강조

결국 예비 점주가 브랜드를 선택하는 데 가장 중요한 것은 본인의 상황에 얼마나 적합한가입니다. 아무리 유명하고 잘나가는 브랜드라도 현재 자신의 창업 컨디션에 맞지 않으면, 결국 선택하지 않기 때문입니다.

그래서 브랜드를 어필하는 것도 중요하지만, 어떤 분들에게 가장 적합한 브랜드이며 어떤 분들이 많이 하고 있는지를 알려준다면 선택에 훨씬 도움이 될 것입니다.

이뿐만 아니라 실제로 성공한 점주들의 인터뷰 내용이나 구체적인 창업 컨디션을 사례별로 보여 준다면, 브랜드의 매력도를 떠나 나의 상황에 맞는지 아닌지에 따라 선택의 가능성이 훨씬 높아질 것입니다.

1. 업종 변경을 강조하는 경우

코로나 때문에 매출은 안 나오는데, 계약 기간이 남아 있고 가게를 하지 않으면 딱히 차선책이 없는 분들을 위해 최소비용으로 업변을 원하는 경우입니다.

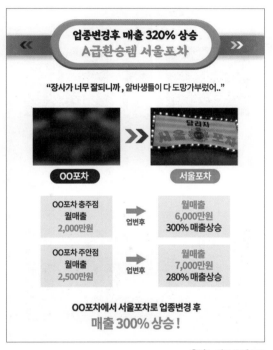

출처 노마드 포레스트

실제 코로나 때 영업시간 제한으로 인해 2차 업종 매출이 크게 빠져서 해당 업종에서 업변하는 경우가 많아지자 업변 위주의 창업을 진행하는 경우가 많이 생겼습니다.

출처 노마드 포레스트

2. 적합한 타깃 추천

앞서 설명한 바와 같이, "어떤 창업 점주에게 딱 맞는 브랜드인가?"라
는 질문에 대한 답변을 자세하게 풀어내면서 추천하는 경우입니다. 이

같은 경우에는 실제 운영 중인 점주를 통해 브랜드와 잘 맞는 경우를 다양하게 보여 줄 수 있습니다.

출처 노마드 포레스트

창업의 다양한 경우를 언급하면서 해당 브랜드가 가지는 메리트는 강조하는 경우, 브랜드의 장점을 창업 타깃과 연관시키면서 설득력을 높일 수 있습니다.

실제 본사 대표의 사례를 구체적으로 풀어내어 예비 점주들에게 신뢰감과 공감을 이끌어 내는 경우

출처 노마드 포레스트

브랜드 대표의 편지 형식으로, 주관적인 공감대를 이끌어 내고 진정성을 어필하는 경우

출처 노마드 포레스트

3. 창업 타깃 다양화

운영관리의 어려움, 창업비용의 부담, 로열티에 대한 압박, 직원관리에 대한 어려움 등 창업에 걸림돌이 되는 다양한 경우를 예로 들면서 브랜드의 장점을 어필하고 타깃의 힘든 부분을 해소해 줍니다.

아무래도 창업 조건 및 환경이 다양화 되다 보니, 최대한 자세하게 설명할수록 거기에 해당하는 분들은 설득될 확률이 높아집니다.

운영관리의 어려움을 본사의 지원으로 문제없이 해결할 수 있다는 내용을
카톡 대화 형식으로 알기 쉽게 어필

출처 노마드 포레스트

실제 원팩으로 나온 재료를 가지고 조리하는 과정을 사진으로 보여 주어
운영의 간편함을 시각적으로 어필하는 경우

출처 노마드 포레스트

인건비 및 직원 관리의 어려움을 1인 매장이라는 콘셉트를 어필하면서 해소

인건비가 가장 무서운 요즘,

1-2인 창업 가능!

만의 **간편한 조리과정**
덕분에 아무리 바쁜 시간대에도 1-2명의
인원으로 매장운영이 충분히 가능해요.
- 1인 매장 인천논현점 점주님

출처 노마드 포레스트

프랜차이즈에서 본사의 수익 부분에 대한 거부감이 있는 예비 점주들에게 로열티 보증제를 약속해 브랜드에 대한 자신감과 진정성을 어필하는 경우. 실제로 매출이 잘 나오지 않는 브랜드들이 많다 보니, 매출 보증제를 하는 본사들이 점점 많아지는 상황입니다.

부담되는 창업비용에 대한 구체적인 해결 방안을 제시하면서 설득력을 높이는 경우

매출이 잘 나올까?
손님들이 안 오면 어떡하지?
창업이 처음인데 잘 할 수 있을까?
내가 괜히 도전하는 걸까?
·
·
·
·

**수많은 걱정들과 매출에 대한 불안함,
그래서 준비했습니다.**

매출이 낮으면 로열티 안받습니다!
본사의 눈속임 운영, 저도 많이 당해봐서 지긋지긋합니다.
*매출별 차등 로열티로 상생협력

출처 노마드 포레스트

4. 타깃의 궁금증 해소

실제로 운영하는 점주와의 인터뷰 내용을 보여 줌으로써 타깃이 궁금해하는 부분과 현실적인 부분을 해소하고, 브랜드의 설득력과 이미지를 높이는 방법이 있습니다.

**사진과 인터뷰 내용을 통해 인터뷰에 대한 신뢰도를 높이고,
창업 스토리를 보여 주면서 공감대를 이끌어 내고 브랜드의 이미지 제고**

출처 노마드 포레스트 디자인팀

시대가 변하고 기술이 발전할수록 창업시장에 대한 변화 속도가 점점 빨라지고 있습니다. 무인화, 배달시장의 성장, IT 기술의 발전, AI의 성장 등… 이런 변화와 더불어 프랜차이즈 시장도 변화하고 있습니다.

예전에는 프랜차이즈라고 하면 외식업의 비중이 가장 높았던 때가 있었습니다. 하지만 이제는 프랜차이즈의 의존도가 점점 다양한 업종으로

자극적인 내용을 첫 인터뷰 소재로 써 임팩트를 높이는 방법

OO차돌 계약서까지 썼다가 3일만에 파기?
신의 한 수였습니다.

하마터면 큰일 날뻔했습니다.
5,000만원 그냥 날릴뻔했어요.

- 차돌풍 OO점 점주

고기창업을 알아보던 도중 '차돌박이'가 진짜 메리트 있는
음식이란걸 알게 되었어요. 차돌박이하면 떠오르는 그 유명한
브랜드에 바로 문의를 했죠. 근데 진짜 큰일 날뻔했습니다.
같은 업종에 비슷한 브랜드처럼 보여도 제대로 된 견적 비교를
해보니 알겠더라고요. 차돌풍이 아니었으면 얼마나 땅을 치고
후회했을지... 아찔합니다.

뚝!

출처 노마드 포레스트 디자인팀

퍼지고 있습니다.

빨래방, 코인노래방, 무인매장 등 업종이 다양해지면서 창업하려는
예비창업자들의 니즈도, 환경도 많이 다양해지고 있습니다.

옛날처럼 단순히 퇴직하고 치킨집 차리는, 할 게 없으면 식당 하는 식
의 프랜차이즈가 아닙니다. 창업 연령대도 점점 낮아지고, 생각도 스마
트한 분들이 점점 늘어나고 있습니다.

이런 분들은 오히려 창업시장에 대한 경험이 없기 때문에 개인 창업
을 위한 연습으로 프랜차이즈 창업을 경험하는 경우가 많습니다.

이런 똑똑한 점주들이 많아지고 있으므로, 프랜차이즈 본사 역시 당연히 더 똑똑해져야 합니다. 예전처럼 가맹점 하나 확장하면 로열티, 교육비, 감리비 등으로 몇천씩 가져가던 황금 시절은 이제 더 이상 오지 않습니다.

최대한 다양한 컨디션의 예비 점주에 맞추어 '마이크로 타기팅(고객 세분화)'을 해야 하고, 지역별/상권별 변화와 타깃들의 성향까지도 실시간으로 모니터링하면서 브랜드를 운영/관리해야 합니다.

첫 브랜드가 성공했다고 세컨드 브랜드가 반드시 성공할 수는 없습니다. 첫 브랜드가 성공한 이유를 메뉴, 시기, 트렌드, 방법 등 다양한 관점에서 지속적으로 연구개발하고 적용해야, 세컨드 브랜드가 성공할 가능성이 겨우 몇 프로 올라갑니다.

마지막으로 앞에서 다룬 경우들을 보기 쉽게 목차 형식으로 정리해 보았습니다.

- 홈페이지형 콘텐츠 정리표

□ 브랜드 콘셉트/스토리

 1. 인테리어 콘셉트 강조

 2. 브랜드 탄생 스토리

 3. 브랜드 노하우 강조

 4. 브랜드 콘셉트 강조

□ **매출 강조**

1. 평당 매출액

2. 순수익 강조

3. 안정적인 매출

4. 매출 구조 다양화

5. 매출 비교

6. 매출 전략 강조

7. 업변 전후 매출 비교

8. 연매출 강조

9. 지점 전체 평균 매출

10. 매출 영수증 보여 주기

□ **메뉴 강조**

1. 우리 브랜드만 보유하고 있는 메뉴 강조

□ **프랜차이즈 본사 강조**

1. 업력 강조

2. 지점 수 강조

3. 직영점 운영

4. 연구개발

5. 특허

6. 다양한 브랜드 보유

□ 매장 운영 시스템 강조

 1. '키오스크'로 인건비 절감

 2. 본사의 노하우 및 지원으로 운영 시스템 간소화

 3. 간편 조리 시스템

 4. 쉐프 지원 제도

□ 마케팅 프로모션

 1. SNS 인증 이미지 활용

 2. 방송 촬영 사례 활용

 3. 본사가 전부 부담: SNS 홍보, 디자인, 홍보물 제작

□ 타깃 강조

 1. 업변

 2. 적합한 타깃 추천

 3. 창업 타깃 다양화

 4. 타깃의 궁금증 해소

 5. 특정 타깃 겨냥

□ 점주 활용

 1. 지인에게 추천하는 사례

 2. 점주 인터뷰 영상

□ **가맹조건 및 금액**

1. 가맹비

2. 교육비

3. 인테리어

4. 주방설비/집기

5. 간판/사인물

6. 초도 비품

7. POS

8. 오픈 행사

□ **창업비 강조**

1. 저렴한 창업비

2. 대형 프랜차이즈와 비교하여 소형 프랜차이즈 장점 강조

□ **영상 활용**

1. 브랜드 소개 영상

2. 브랜드 대표 인터뷰

3. 브랜드 TV 소개 및 출연 영상

4. PPL 영상

(2) 광고형 콘텐츠: 채널별 콘텐츠

□ SNS - 페이스북/인스타그램, 트위터

SNS 콘텐츠는 홈페이지로 유입하거나 문의를 받기 위한 목적이므로, 많은 내용을 보여 주기보다는 클릭을 유도하기 위한 임팩트 있고 후킹이 되는 내용으로 구성해야 합니다.

창업 모객을 위한 가장 매력적인 이미지와 내용으로 다양하게 제작하고, 메타(페이스북, 인스타), 트위터, 틱톡 등 다양한 SNS를 통해 콘텐츠의 효율을 측정하고 지속적으로 최적화할 수 있도록 운영하는 것이 중요합니다.

다양한 후킹 포인트와 임팩트로 클릭을 유도하는 콘텐츠들을 보도록 하겠습니다.

술집 창업

술집 창업은 창업 카테고리에서도 트렌드를 많이 타는 분야이기 때문에 매출은 높지만 지속성이 떨어지는 것이 일반적입니다. 그래서 가맹점 모집 광고 진행 시, 최대한 임팩트 있는 후킹 포인트를 만들고 강조해야 합니다.

1. 혜택 강조형: 특정 기간에 많은 창업자 모집을 위해 본사에서 최대한 많은 혜택을 제공하여 가맹점 모집을 하는 경우입니다.

출처 비비드 플래닛

2. 브랜드 강조형: 브랜드를 강조하여 특징을 어필하는 경우, 매출이 높거나 운영시간이 짧거나 여러 개 브랜드를 동시 운영 가능 등 타 경쟁 브랜드 대비 차별점을 강조하는 경우입니다.

출처 비비드 플래닛

고깃집 창업

1. 혜택 강조형: 고깃집 창업비는 다른 업종에 비해 더 비싼 편입니다. 평수가 커야 하고 덕트도 설치해야 하고 냉난방기도 최소 4배수 이상은 해야 하기 때문입니다. 그래서 창업비에 대한 부담을 덜어줄 수 있는 혜

택을 강조하는 경우가 많습니다.

출처 비비드 플래닛

2. 브랜드 강조형: 가맹점이 많은 브랜드이거나 특별한 레시피나 노
하우 등 다른 브랜드와는 다른 차별점을 어필하는 경우입니다.

출처 비비드 플래닛

3. 매출 강조형: 고깃집은 기본적으로 매출의 규모가 높다 보니 매출
강조가 설득 포인트가 될 경우가 많습니다.

출처 비비드 플래닛

카페 창업

카페 창업은 저가 커피 브랜드가 너무 많아 경쟁이 많은 업종이기 때문에, 브랜드만의 특색을 살린 다양한 전략이 필요합니다. 우유를 메인으로 하거나, 과일을 메인으로 하는 브랜드 등 타 카페 브랜드 대비 차별화 포인트를 적극 살리는 전략으로 풀어야 합니다.

출처 비비드 플래닛

음식점 창업

1. 브랜드 강조형: 음식점 창업의 경우 다양한 특징이 있기 때문에, 브랜드를 먼저 강조하여 브랜드 인지도를 높이면서 문의를 유도하는 경우가 많습니다. 업력이 오래되면 '1명이 100번 오는 식당'이나 '10년 맛집'

출처 비비드 플래닛

같은 슬로건을 잡기도 하고, 메뉴가 대중적이지 않으면 메뉴의 경쟁력을 어필하는 '시식 유도' 콘텐츠로 풀기도 합니다.

2. 수익 강조형: 결국 선택하는 점주 입장에서는 수익에 대한 부분이 우선일 수밖에 없습니다. 브랜드의 콘셉트가 월세가 낮은 상권 대비 매출이 잘 나오는 경우도 있고, 큰 홀에 자주 만석이 되는 경우, 핵심 상권은 경쟁이 포화상태이므로 작은 평수지만 매출이 높은 경우 등 브랜드 컨디션에 따라 현재 수익이 잘나는 원인을 파악하여 콘텐츠로 풀기도 합니다.

출처 비비드 플래닛

배달 창업

배달 창업은 상대적으로 창업비가 저렴합니다. 그래서 짧은 기간에

출처 비비드 플래닛

빠르게 매장을 확장하기 용이합니다. 그래서 혜택을 주면서, 적은 창업비 대비 매출이 높다는 것을 강조하는 경우가 많습니다.

□ 배너 광고 - 객단가가 높은 창업 광고는 반드시 리타기팅이 필수! 구글 GDN, 모비온, GFA(밴드/블로그/카페), 카카오 모먼트 등

프랜차이즈 가맹점 모집을 위한 온라인 창업 광고를 설정할 때 구글 GDN, 모비온, 네이버 GFA, 카카오 모먼트를 활용하여 리타기팅하는 전략은 다음과 같이 간단히 정리할 수 있습니다.

- **리타기팅 전략의 목표:** 브랜드 홈페이지로 유입을 증대시키고, 관심 있는 잠재 가맹점주를 다시 끌어들이기.
- **리타기팅 설정:** 각 플랫폼에서 웹사이트 방문자에게 리타기팅 캠페인 설정. 방문자의 행동 데이터를 기반으로 맞춤형 광고 제공.
- **맞춤형 광고 콘텐츠:** 방문자가 관심을 보였던 특정 가맹점 정보나 성공 사례 강조. 강력한 CTA(행동 유도 버튼)로 가맹점 모집 웹페이지 방문 유도.
- **세분화(세그먼트화):** 웹사이트에서 본 페이지나 행동에 따라 세그먼트화하여 맞춤형 광고 제공. 예를 들어, 프랜차이즈 사업 모델에 관심을 가진 방문자에게는 상세한 사업 설명과 성공 사례를 강조한 광고 제공이 가능.
- **광고 빈도 조절:** 지나치게 많은 광고 노출로 인한 피로감을 방지하기 위해 적절한 빈도와 기간 설정.

이러한 전략을 통해 가맹점 모집을 위한 효과적인 온라인 광고 캠페인을 설정할 수 있습니다. 각 플랫폼의 특징을 최대한 활용하고, 리타기팅 전략을 통해 잠재 가맹점주를 재유도하는 것이 프랜차이즈 배너광고의 핵심입니다.

1. 구글 GDN Google Display Network

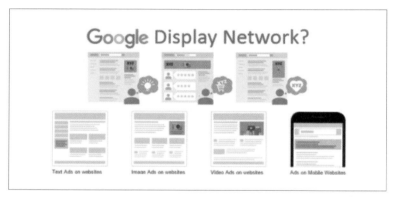

출처 비비드 플래닛

다양한 웹사이트와 앱에 배너 형태로 광고를 노출. 브랜드 인지도 증가 및 가맹점 모집 정보를 전파하는 배너형 광고입니다.

- **전략**: 브랜드 및 사업 모델을 강조할 수 있음. 시각적으로 매력적인 광고 디자인과 가맹점의 성공 사례 강조.
- **타기팅 옵션**: 관심사, 인구통계, 키워드, 리마케팅 등을 통해 가맹점 모집에 관심 있을 가능성이 높은 사용자에게 광고를 전달.
- **리타기팅**: 웹사이트 방문자를 대상으로 재방문 유도 및 가맹점 모집 정보 제공.

2. 모비온

사진 출처: 노마드 자체 제작이미지

출처 비비드 플래닛

모바일 앱 및 웹사이트에서 배너 및 전면 광고를 제공하고, 사용자 위치, 기기 유형, 관심사 등으로 타기팅되는 배너형 광고입니다.

- 전략: 위치 기반 타기팅이 가능. 특정 지역에서 가맹점 모집을 원하는 경우, 해당 지역 사용자에게 집중하고 관련 업종의 모바일 앱 사용자에게 직접 광고 노출.

3. 네이버 GFA^{Glad for Ads}: 성과형 디스플레이 광고

출처 비비드 플래닛

가맹점 모집 관련 키워드에 대해 검색결과에 노출하고, 네이버의 디

213

스플레이 네트워크를 통해 배너 광고를 제공합니다.

- **검색광고**: '프랜차이즈 가맹점' 같은 키워드로 광고 설정, 검색 유입 유도.

- **디스플레이 광고**: 네이버 포털, 제휴 사이트에서 배너 광고를 통해 브랜드 인지도 강화.

4. 카카오 모먼트

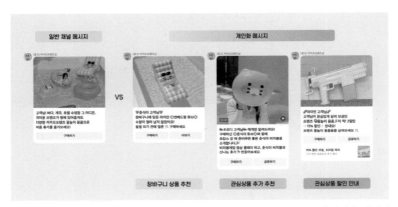

출처 비비드 플래닛

카카오 디스플레이 광고, 카카오톡, 다음Daum, 카카오스토리 등 다양한 카카오 플랫폼에서 광고를 제공합니다.

- **타기팅**: 연령대, 성별, 관심사에 기반해 세분화한 타기팅 가능

- **리타기팅**: 카카오 계정을 통해 웹사이트 방문자에게 리타기팅 광고 제공.

□ 영상을 활용한 광고 - 유튜브, 인스타 릴스 등

영상을 활용하여 유튜브와 인스타그램 릴스에서 할 수 있는 전략은

다음과 같이 정리할 수 있습니다.

- **브랜드 메시지 일관성:** 유튜브와 인스타그램 릴스 모두에서 브랜드의 메시지와 톤
  앤매너를 일관되게 유지하여 브랜드 인지도 강화.
- **목적 명확히 하기:** 각 광고 영상에 명확한 목적(CTA)을 정해서 시청자가 웹사이트
  방문, 상담 요청 등을 하도록 유도.
- **분석 및 최적화:** 각 플랫폼의 분석 도구를 활용하여 광고 성과를 모니터링하고, 필
  요한 경우 광고 콘텐츠 및 타기팅을 조정.

최근에는 영상 콘텐츠를 통해 프랜차이즈 가맹점 모집에 대한 관심을 끌고, 효과적으로 브랜딩을 하는 방식이 많이 선호되고 있습니다. 다음은 채널별 구체적인 활용법입니다.

1. 유튜브

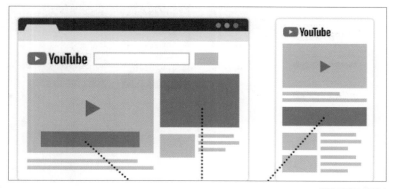

출처 비비드 플래닛

- **브랜드 소개 영상:** 프랜차이즈의 브랜드, 성공 사례, 운영 방식 등을 자세히 설명.
  프랜차이즈의 강점과 차별점을 강조.

- **가맹점 성공 스토리**: 기존 가맹점의 성공 사례를 인터뷰 형식으로 담아 신뢰감 및 매력도 강화.

- **운영 지원 내용**: 프랜차이즈 본사가 제공하는 지원 사항(교육, 마케팅, 운영 매뉴얼 등)을 구체적으로 설명.

- **콜투액션(CTA)**: 가맹점 모집에 관심이 있는 잠재적 파트너들이 웹사이트 방문이나 상담 요청을 하도록 유도

- **운영 매뉴얼 소개**: 프랜차이즈 본사가 제공하는 다양한 지원과 교육 프로그램을 영상을 활용해 설명.

2. 인스타그램 릴스Reels

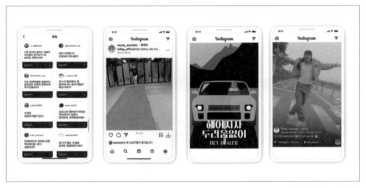

출처 비비드 플래닛

짧은 동영상(최대 60초)으로 빠르게 관심을 끌 수 있는 콘텐츠 제작이 목적.

- **짧고 강렬한 소개**: 프랜차이즈의 주요 장점과 성공 사례를 15~30초 내외의 짧은 영상으로 효과적으로 전달.

- **비주얼 중심**: 시각적으로 매력적인 영상으로 프랜차이즈의 분위기와 브랜드 이미지를 강조.
- **가맹점주 인터뷰 클립**: 가맹점주가 직접 프랜차이즈의 장점이나 성공적인 운영 경험을 간단히 설명.
- **일상 운영 장면**: 프랜차이즈 매장의 일상적인 모습이나 직원들이 활기차게 일하는 장면을 담아 브랜드에 대한 친근감과 신뢰도 강화.
- **매장 투어**: 매장 내부와 외부를 빠르게 보여 주는 투어 영상.
- **성공 사례 요약**: 가맹점주가 성공적인 사례를 간략하게 설명하는 클립.
- **지원 혜택**: 프랜차이즈가 제공하는 주요 지원 혜택을 간단히 나열한 영상.

PART 4

마케팅 진행
채널별 이해

매장 마케팅 채널

(1) 네이버 광고

- 검색광고: 플레이스, 쇼핑검색

네이버 검색광고

    네이버 검색광고는 네이버 검색결과 상단에 노출되는 광고로, 검색 시 광고주의 광고가 노출되어 사용자들의 클릭을 유도하며, 광고주는 클릭당 비용을 지불합니다. 이를 통해 광고주는 검색어에 대한 노출이

높아져서 광고 효과를 높일 수 있습니다.

　네이버 검색광고는 검색결과 상단에 노출되기 때문에 사용자들의 노출 및 클릭 확률이 높아 광고 효과가 높은 반면, 경쟁 업체들과의 경쟁이 빈번하게 일어나고, 검색어와 광고의 관련성 등이 광고 노출 우선순위에 큰 영향을 미치므로, 광고주들은 효율적인 검색광고 전략을 수립해야만 성과를 높일 수 있습니다.

　자세한 채널 세팅법은 이후 자세히 소개하겠으며, '네이버 검색광고'에 소개 및 교육 영상이 있으니 참고하시면 됩니다. 유튜브에도 좀 더 구체적으로 업종별 자세한 세팅법이 나와 있으니 여러 영상을 참고하시면 됩니다.

네이버 플레이스 광고

　네이버 검색광고 중 플레이스 광고는 네이버 지도에서 기업의 위치 정보, 영업 시간, 리뷰 등을 제공하며, 이와 관련된 검색어로 노출되는 광고입니다.

　기본적으로 네이버 지도에 기업 정보가 등록되어 있어야 하며, 검색어와 기업 정보의 관련성에 따라 광고 노출 우선순위가 결정됩니다.

　네이버 플레이스 광고를 활용하면 기업의 위치 정보와 함께 광고가 노출되므로, 지리적으로 가까운 사용자들에게 효과적으로 노출될 수 있습니다.

　또한, 사용자들이 기업 정보를 더욱 자세히 확인할 수 있기 때문에, 기업의 브랜드 이미지와 신뢰도를 높일 수 있습니다.

네이버 플레이스 광고는 광고주가 입찰가를 설정하고, 검색어와 기업 정보의 관련성에 따라 광고 노출 우선순위가 결정됩니다. 또한, 사용자들의 클릭 및 전환율을 고려하여 광고 비용을 최적화할 수 있습니다.

- 네이버 플레이스 광고 세팅법

1. 네이버 플레이스 광고 진입하기

네이버 광고 계정을 가지고 있다면 네이버 광고센터에 로그인 후, '네이버 플레이스 광고'를 선택하여 진입할 수 있습니다. 광고 계정이 없는 경우에는 광고 계정 생성 후, 네이버 플레이스 광고로 이동하여 진입할 수 있습니다.

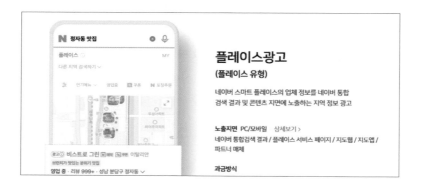

2. 광고 캠페인 생성하기

광고를 설정하기 전에 광고 캠페인을 생성해야 합니다. 광고 캠페인은 광고를 집행하는 최상위 단위로, 여러 개의 광고 그룹과 광고를 포함할 수 있습니다. 광고 캠페인 생성 시, 예산과 경매 입찰가를 설정합니다.

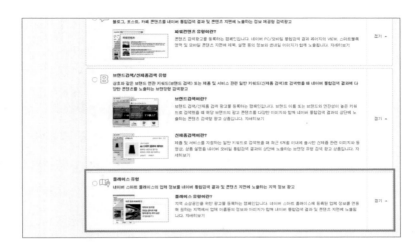

블로그, 포스트, 카페 콘텐츠를 네이버 통합검색 결과 및 콘텐츠 지면에 노출하는 정보 제공형 검색광고

파워콘텐츠 유형이란?
콘텐츠 검색광고를 등록하는 캠페인입니다. 네이버 PC/모바일 통합검색 결과와 페이지의 VIEW, 스마트블록 영역 및 모바일 콘텐츠 지면에 제목, 설명 등의 정보와 썸네일 이미지가 함께 노출됩니다. 자세히보기

브랜드검색/신제품검색 유형
상호와 같은 브랜드 연관 키워드(브랜드 검색) 또는 제품 및 서비스 관련 일반 키워드(신제품 검색)로 검색했을 때 네이버 통합검색 결과에 다양한 콘텐츠를 노출하는 브랜드형 검색광고

브랜드검색이란?
브랜드 검색/신제품 검색 광고를 등록하는 캠페인입니다. 브랜드 이름 또는 브랜드와 연관성이 높은 키워드로 검색했을 때 해당 브랜드의 검색 콘텐츠를 다양한 이미지와 함께 네이버 통합검색 결과의 상단에 노출하는 콘텐츠 검색형 광고 상품입니다. 자세히보기

신제품검색이란?
제품 및 서비스를 지향하는 일반 키워드로 검색했을 때 최근 6개월 이내에 출시한 신제품 관련 이미지와 동영상, 상품 설명을 네이버 모바일 통합검색 결과의 상단에 노출하는 브랜드 유형 검색 광고 상품입니다. 자세히보기

플레이스 유형
네이버 스마트 플레이스의 업체 정보를 네이버 통합검색 결과 및 콘텐츠 지면에 노출하는 지역 정보 광고

플레이스 유형이란?
지역 소상공인을 위한 광고를 등록하는 캠페인입니다. 네이버 스마트 플레이스에 등록된 업체 정보를 연동해 원하는 지역에서 업체 이름들의 정보와 이미지가 함께 네이버 통합검색 결과 및 콘텐츠 지면에 노출됩니다. 자세히보기

3. 광고 그룹 생성하기

광고 캠페인 내에서 각각의 상품에 대한 광고 그룹을 생성합니다. 광고 그룹은 광고를 포함하며, 입찰가 및 예산, 타깃 설정, 광고 기간을 설

정할 수 있습니다.

4. 광고 콘텐츠 작성하기

광고 콘텐츠는 광고가 어떤 내용으로 구성되는지를 나타냅니다. 광고 그룹 내에서 각 상품에 대해 광고 콘텐츠를 작성합니다. 광고 콘텐츠는 이미지와 제목, 설명 등의 텍스트로 이루어져 있으며, 효과적인 광고 콘텐츠를 작성하기 위해서는 상품의 특징과 장점을 강조하는 것이 좋습니다.

5. 타깃 설정하기

광고를 보여 줄 대상을 설정합니다. 타깃 설정은 지역, 연령, 성별, 관

심사 등의 다양한 요소를 고려하여 설정할 수 있습니다.

6. 예산 및 입찰가 설정하기

광고 캠페인 예산과 입찰가를 설정합니다. 예산은 광고 캠페인에 할당된 총예산을 의미하며, 입찰가는 광고를 클릭할 때마다 지불하는 비용입니다. 입찰가는 경쟁률, 광고 품질, 타깃 설정 등 다양한 요소에 따라 달라질 수 있습니다.

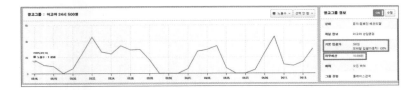

네이버 쇼핑검색광고

네이버 쇼핑검색광고는 네이버 쇼핑검색결과 페이지에서 노출되는 광고로, 상품 검색 시 광고주의 광고가 노출되어 사용자들의 클릭을 유도하며, 광고주는 클릭당 비용을 지불합니다. 이를 통해 광고주는 상품 검색 시 광고 노출이 높아져서 광고 효과를 높일 수 있습니다.

네이버 쇼핑검색광고는 네이버 광고 플랫폼인 '네이버 쇼핑파트너스 Naver Shopping Partners'에서 관리됩니다. 광고주는 네이버 쇼핑파트너스에 가입하여 광고를 등록하고, 원하는 상품에 대한 광고 노출 우선순위를 설정하여 검색결과 페이지 상단에 광고가 노출될 수 있도록 설정합니다.

　　네이버 쇼핑검색광고는 사용자들이 상품 검색 시 노출되므로, 광고 노출과 클릭 확률이 높아 광고 효과가 높은 반면, 경쟁 업체들과의 경쟁이 빈번하게 일어나고, 상품 정보와 광고의 관련성 등이 광고 노출 우선순위에 큰 영향을 미치므로, 광고주들은 효율적인 쇼핑검색광고 전략을 수립하여 성과를 높일 수 있습니다.

- 네이버 쇼핑검색광고 세팅

1. 네이버 쇼핑검색광고 계정 생성 및 로그인/캠페인 만들기

네이버 아이디로 로그인 후, 네이버 광고센터 홈페이지로 이동합니다.

2. 광고 그룹 생성

쇼핑검색광고를 집행할 광고 그룹을 생성합니다. 광고 그룹 이름, 노출 기간, 노출 지역 등을 설정합니다.

3. 상품 등록

광고 그룹에 노출할 상품 데이터를 피드로 등록합니다. 상품명, 가격, 이미지 등을 입력합니다.

4. 키워드 등록 및 입찰 설정

광고 노출에 대한 키워드를 등록하고, 각 키워드에 대한 입찰가를 설정합니다.

검색광고와 동일한 방식으로 진행합니다.

5. 광고 집행 모니터링

광고가 집행되면 광고 성과를 모니터링하고, 필요한 경우 광고 세팅을 수정합니다.

이와 같은 단계로 네이버 쇼핑검색광고를 세팅할 수 있습니다. 광고를 세팅할 때에는 상품 데이터 피드의 품질과 상품명, 이미지, 가격 등이 중요하며, 키워드와 입찰가 설정도 광고 성과에 큰 영향을 미칩니다.

- 리뷰 광고: 블로그 체험단, 영수증 리뷰

리뷰 광고

리뷰 광고란, 광고주가 상품 또는 서비스를 광고할 때, 해당 상품 또는 서비스에 대한 고객의 리뷰를 활용하여 광고하는 것을 말합니다.

일반적으로 인플루언서나 유명인 등이 해당 상품을 사용한 후, 자신의 SNS나 블로그 등에 리뷰를 게시하면, 광고주는 이 리뷰를 활용하여 광고를 제작하거나 리뷰어에게 광고 비용을 지급하여 리뷰어가 직접 광고를 제작하게 합니다.

리뷰 광고의 장점으로는, 고객들의 실제 사용 후기가 드러나기 때문에 더욱 신뢰성이 높고, 광고주가 직접 광고를 제작하는 것보다 훨씬 자연스러운 광고 효과를 볼 수 있습니다.

또한, 리뷰어들의 팔로워나 구독자들과의 커뮤니케이션을 통해 브랜드의 인지도나 이미지를 향상할 수 있는 브랜딩 효과도 있습니다.

그러나 리뷰 광고의 단점은, 리뷰어가 제품 또는 서비스를 받아 사용 후에 리뷰를 작성하기 때문에, 광고가 제공되는 경우 실제로 광고임을 공개해야 하며, 광고의 효과와 리뷰어의 신뢰도 등에 대한 문제점이 발생할 수 있다는 것입니다.

블로그 체험단

블로그 체험단은 광고주가 자사의 제품이나 음식을 블로거나 인플루언서에게 무료 또는 일부 할인된 가격으로 제공하고, 이를 체험 후에 블로그나 SNS 등에 후기를 작성하도록 하는 것을 말합니다.

블로그 체험단은 블로거나 인플루언서의 팔로워들과의 신뢰 관계를 활용하여 제품의 홍보를 진행하는 방식으로, 소비자들의 구매 의사결정에 큰 영향을 미칠 수 있는 마케팅 전략 중 하나입니다.

블로그 체험단의 장점은, 블로거나 인플루언서가 자신의 경험을 바탕으로 작성한 솔직한 후기가 소비자들에게 신뢰성이 높게 다가온다는 점입니다.

또한, 블로그나 SNS 등에서 작성된 후기가 검색 엔진 최적화(SEO)에 큰 도움을 주어 제품의 노출도를 높일 수 있다는 점도 있습니다.

하지만 블로그 체험단의 단점은, 블로거나 인플루언서들이 무상으로 제품을 받을 때, 제품을 높게 평가하는 경우가 많아질 수 있다는 점입니다.

해당 매장 검색 시, 매장에 방문한 블로거들의 다양한 리뷰를 볼 수 있다

또한, 블로거나 인플루언서들이 자신의 경험에 따라 후기를 작성하는 것이기 때문에, 광고주가 원하는 이미지와는 다른 이미지가 형성될 수도 있습니다.

마지막으로 블로그 체험단은 제품의 홍보를 위한 마케팅 전략 중 하나이지만, 광고가 노골적이라고 인식되면 오히려 소비자들의 반감을 불러일으킬 수 있다는 점도 고려해야 합니다.

- 네이버 블로그 체험단 진행 절차

블로거가 제품 또는 서비스를 체험하고, 그 후기를 본인의 블로그에 작성합니다.

네이버 블로그 체험단은 다음과 같은 절차로 진행됩니다.

1. 블로거 모집 및 선정

제품 또는 서비스와 관련된 블로거를 모집하고 심사하여 선정합니다.

2. 체험 제품 발송/방문 체험 및 체험 기간 안내

선정된 블로거에게 체험 제품을 발송하거나 방문 날짜를 조율하며, 체험 기간과 체험 방법에 대해 안내합니다.

3. 체험 후기 작성 및 게시

블로거는 체험 제품을 체험한 후 해당 제품에 대한 후기를 작성합니다. 작성된 후기는 블로거의 네이버 블로그에 게시됩니다.

4. 후기 검수 및 성과 측정

작성된 후기는 네이버에서 검색 시 노출되며 원하는 키워드 블로그탭에서 상위노출되는 경우도 있습니다.

이와 같은 절차로 네이버 블로그 체험단이 진행됩니다. 체험 제품의 종류나 선정 기준, 체험 후기 작성 방법 등은 제공하는 기업이나 블로그 체험단 운영사에 따라 상이할 수 있습니다.

요즘은 체험단 모집을 대행하는 업체가 점점 IT와 결합해 고도화하면서, 웹상에서 체험 유무, 포스팅 링크, 키워드 상위노출 순위 등 다양한 지표를 실시간으로 제공하는 경우도 많으므로 업체에 맡기는 경우, 광고주가 자사에 맞는 업체를 비교하여 선택하고 잘 활용한다면 충분히 효율적인 마케팅 성과를 낼 수 있습니다.

네이버 영수증 리뷰

네이버 영수증 리뷰란, 구매한 상품이나 방문한 매장의 영수증을 촬영하고 리뷰를 작성하면 광고주가 포인트나 혜택을 지급해주는 리뷰성

영수증 리뷰가 첫 방문 고객에게는 선택에 큰 도움을 준다. 출처: 아고야, 미래회관 플레이스

마케팅 전략 중 하나입니다.

네이버 영수증 리뷰를 작성하는 방법은 매우 간단합니다. 우선, 상품을 구매한 후에 해당 상품의 영수증을 촬영하면 됩니다.

영수증 촬영 후에는 해당 상품에 대한 별점과 리뷰 내용을 작성하면 됩니다. 작성한 리뷰는 다른 사용자들이 해당 상품을 구매할 때나 방문할 때 참고할 수 있도록 노출됩니다.

네이버 영수증 리뷰는 마케팅 전략의 하나로써, 상품에 대한 소비자들의 인식을 높이기 위한 목적이 있습니다. 소비자들이 다른 사용자들의 리뷰를 참고하여 상품을 선택하게 되는 경우가 많기 때문입니다.

방문 매장의 경우, 매장 내에서 할인, 쿠폰 증정, 서비스 제공 등 다양한 이벤트를 통해 영수증 리뷰를 유도할 수 있으며 플레이스 지도 검색이나 인스타그램을 통해 주변 경쟁사나 타 매장들을 벤치마킹하여 영수증 리뷰수를 늘릴 수 있는 다양한 방법들을 시도할 수 있습니다.

- 바이럴 광고: 맘카페, 블로그 상위노출

바이럴 광고

바이럴 광고viral advertising란, 인터넷이나 소셜미디어 등을 통해 자연스럽게 확산해 인기를 끄는 광고를 말합니다. 이는 주로 대중의 이목을 끌고, 소비자들 사이에서 쉽게 공유되고 확산해 높은 마케팅 효과를 가져올 수 있습니다.

바이럴 광고의 성공 요인으로는, 대중의 공감을 얻을 수 있는 진실성과 독창성, 그리고 콘텐츠를 쉽게 공유할 수 있는 플랫폼 환경 등이 있습

바이럴광고

장점

입소문에 의한 광고
그 효과가 커질 수 있어
낮은 비용 대비 큰 효과

마케팅

바이럴광고는 마케팅을
주체하고 대상이
커뮤니케이션이 가능

니다. 또한, 광고주는 광고 콘텐츠를 제작하는 데 큰 비용을 들일 필요가 없고, 대신 대중에게 콘텐츠를 공유하도록 유도하는 전략을 세우는 것이 중요합니다.

하지만 바이럴 광고는 대중의 반응이 예측하기 어렵기 때문에, 미리 테스트와 검증을 거치는 것이 어려울 수 있습니다. 또한, 선한 의도를 가진 광고일지라도 대중의 반응에 따라 부정적인 이미지로 연결될 수 있기 때문에, 광고 콘텐츠 제작 시에는 세심한 계획과 검토가 필요합니다.

네이버 맘카페 광고

네이버 맘카페 광고는 네이버의 여성 커뮤니티인 '네이버 맘카페'에서 제공되는 광고입니다. 이 광고는 맘카페 내에 게시되는 게시물 및 검색 결과에 노출되는 방식으로 진행됩니다.

맘카페 광고는 주로 육아, 가족, 건강, 뷰티, 매장 등 여성들의 관심사와 관련된 상품, 서비스를 홍보하는 데에 사용됩니다. 예를 들어, 유아용품, 임신용품, 건강식품, 화장품 등을 판매하는 업체들은 맘카페 광고를 통해 대상 고객층을 확보하고 제품을 홍보합니다.

맘카페 바이럴 광고에서는 여성 사용자들이 자연스럽게 공감하고 공유할 수 있는 콘텐츠를 제작하는 것이 중요합니다. 예를 들어, 육아나 가정에서 일상생활과 관련된 콘텐츠, 유용한 정보나 꿀팁을 제공하는 콘텐츠 등이 맘카페 바이럴 광고로 활용될 수 있습니다.

하지만 맘카페 바이럴 광고는 다른 광고와 달리 눈에 띄게 광고를 직접적으로 보여 주는 것이 아니기 때문에, 광고의 효과를 측정하기가 어려울 수 있습니다. 따라서 광고 캠페인의 목적과 대상 사용자를 정확하게 파악하고, 콘텐츠의 질과 분배 전략을 철저하게 계획하여 광고의 효과를 극대화해야 합니다.

더불어 맘카페의 경우, 긍정적인 효과도 있지만 오히려 부정적인 효과가 날 가능성이 높습니다. 제품이나 매장의 만족도가 떨어지는 경우나 광고를 숨기고 작업을 했을 경우, 부정적인 효과로 인해 브랜드에 악영향을 미칠 수 있으니 이 부분은 반드시 인지하고 마케팅 전략을 짜야 합니다.

매장의 경우, 맘카페에 후기를 쓰는 이벤트 등을 통해 바이럴 광고를 진행할 수 있으며, 신도시나 가족 단위 고객이 많은 상권에서 효과적일

맘카페 광고는 양날의 검이므로, 내용에 유의해야 합니다. 출처: 네이버 김행나 카페

수 있습니다.

블로그 상위노출

블로그 상위노출은 검색 엔진에서 사용자의 검색어에 대해 관련성이 높은 블로그를 상위에 노출하는 것을 말합니다. 블로그 상위노출은 검색 엔진 최적화SEO의 중요한 요소 중 하나로, 블로그의 방문자 수를 증가시키고 브랜드 인지도를 높이는 데에 큰 역할을 합니다.

이는 매장에서 자체적으로 운영하는 블로그가 있을 때 적용되는 부분입니다. 하지만 요즘은 자체 블로그를 운영할 시간도 부족할뿐더러 운영한다고 하더라도 자체 블로그로 '00맛집'이라는 키워드에서 블로그 상위노출을 잡기란 불가능에 가깝습니다.

그래서 대부분 파워블로거나 전문 블로거들에게 메뉴를 협찬해서 해당 블로거가 포스팅을 하면 상위노출을 시키는 방식을 이용하고 있습니다. 물론, 월 단위로 일정한 금액을 주면 25일 동안 다양한 블로거들을 통해서 해당 키워드 검색 시 1페이지에 지속적으로 노출해 주는 대행사도 있습니다.

예전에는 많이 이용했지만 스마트 노출이나 블로그탭이 카페와 통합되면서 매출에 기여하는 상위노출의 효과가 떨어지면서, 24년도 기준으로 월보장 블로그 상위노출 상품을 점점 이용하지 않는 추세입니다.

효율적인 측면에서 보았을 때, 블로그 상위노출을 원한다면 다양한 블로그 체험단 플랫폼에서 상위노출 가능성이 높은 체험단들을 통해 진행하는 것을 더 추천합니다.

검색량이 많아 경쟁이 치열한 키워드는 상위노출에 많은 비용이 발생합니다

(2) SNS 광고

- 유료 광고: 메타(페이스북/인스타그램) 타기팅 광고

메타를 활용한 유료 타기팅 광고는 매장과 관련된 타깃 그룹에 광고를 보여 줌으로써 효과적인 마케팅을 할 수 있는 방법 중 하나입니다.

이 방법은 페이스북과 인스타그램 같은 소셜미디어 플랫폼에서 제공되며, 적절한 타깃 그룹을 설정하면 매장과 관련된 사람들에게 직접적으로 마케팅 메시지를 전달할 수 있습니다.

유료 타기팅 광고는 크게 세 가지로 나눌 수 있습니다.

첫 번째는 지역 타기팅 광고입니다.

이 광고는 페이스북 페이지를 운영하고 있는 매장의 위치를 중심으로 특정 지역의 사용자에게 광고를 보여 줍니다.

예를 들어, 서울 강남구에 위치한 매장이 지역 타기팅 광고를 사용하면, 강남구 주민이나 주변 지역의 이용자들에게 광고가 나타납니다.

두 번째는 관심사 타기팅 광고입니다.

이 광고는 매장과 관련된 관심사를 가진 사용자들에게 광고를 보여줍니다.

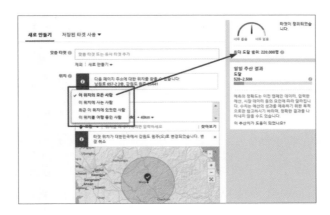

예를 들어, 병원에서 식사를 즐기는 사람들, 다이어트를 하는 사람들, 소셜라이징을 즐기는 사람들 등이 이에 해당합니다.

마지막, 세 번째는 연령/성별 타기팅 광고입니다.

이 광고는 매장과 관련된 타깃 그룹의 연령과 성별에 따라 광고를 보

여 줍니다.

예를 들어, 여성만을 대상으로 하는 매장에서는 여성 타깃 그룹에게 만 광고가 보이도록 설정할 수 있습니다.

하지만 매장 광고 같은 경우에는 메타를 통한 광고보다는 인스타그램 에서 계정을 운영하면서 계정에서 직접 하는 게시물 광고를 더 추천합 니다.

메타를 통한 광고는 디테일하고 세부적으로 운영이 가능하지만 복잡 하고 배워야 할 부분이 많습니다. 그리고 메타 광고는 비즈니스 목적의 광고가 대부분이라 BtoB나 쇼핑몰에 더 적합한 경우가 많습니다.

그래서 종합적으로 보았을 때, 메타 광고를 통한 매장 광고보다는 인 스타그램으로 매장 계정을 운영하며 팔로우를 늘리면서 반응이 좋거나 효과가 좋은 게시물을 통해 게시물 광고(릴스 광고 포함)를 하는 것이 훨 씬 쉽고 효율적입니다.

인스타 계정 유료 광고도 지역 타기팅, 관심사 타기팅(팔로우들 위주의 관심사), 연령/성별 타기팅이 모두 가능합니다.

인스타그램 유료 타기팅 광고 세팅법

먼저 인스타그램 비즈니스 계정(프로페셔널 계정 전환)을 생성한 후, 광고 세팅을 시작해야 합니다.

1. 프로페셔널 계정 전환

2. 광고할 게시물 및 목표 선택

3. 홍보하기를 통한 타겟 정의, 예산 및 기간 설정

4. 결제정보 및 광고 완료

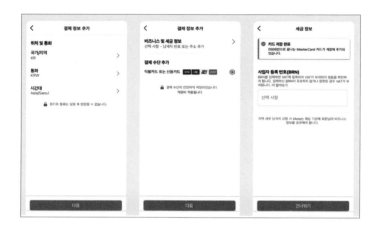

타기팅 가능한 항목

관심사 기반 타기팅

관심사 기반 타기팅은 사용자가 인스타그램에 입력한 관심사를 바탕으로 타깃을 설정하는 방법입니다. 메타 광고는 이 설정을 다양하게 할 수 있지만, 인스타그램 계정 유료 광고는 팔로우들과 비슷한 관심사를 가진 타깃들로 확장해서 광고를 하게 됩니다.

예를 들어, 관심사를 설정하면 팔로우들의 친구들이나 식당에 관심이 있는 비슷한 사람들에게 광고가 도달하게 됩니다.

위치 기반 타기팅

위치 기반 타기팅은 광고를 보낼 지역을 설정하여 해당 지역에 거주하는 사용자들에게 광고를 보내는 방법입니다. 이는 지역별로 특화된 광고를 만들어 대상 고객층에게 직접적으로 접근할 수 있는 장점이 있습니다.

예를 들어, 지역별 매장 프로모션을 알리기 위해 해당 지역을 반경 Nkm로 잡아 타기팅 대상으로 설정할 수 있습니다.

연령, 성별, 언어 등 기본 설정 타기팅

인스타그램은 기본적으로 연령, 성별, 언어 등의 기본 설정을 통해 타기팅할 수 있습니다. 이는 대상 고객층의 특징에 따라 광고를 타기팅하기 위한 가장 기본적인 방법입니다.

- 협찬 광고: 페이스북 페이지/인스타 계정 및 셀럽을 통한 광고

페이스북/인스타 맛집페이지/계정 및 셀럽을 통한 광고는 다양한 매장 정보와 리뷰, 이벤트 등을 공유하는 커뮤니티 혹은 개인을 통해 광고하는 것입니다. 이런 페이지/계정들을 활용하면 많은 사람에게 원하는 매장 홍보를 진행할 수 있습니다.

이런 페이지/계정이나 인플루언서들은 음식에 대한 정보를 제공하고 음식점 추천을 하는 곳이므로, 해당 페이지/계정에서 광고를 진행하면 타기팅 또한 정확히 할 수 있습니다.

그래서 해당 매장이 속한 시/구 등에서 활동하는 계정을 찾아 진행하는 것을 추천합니다. 또한 페이스북은 세밀한 타깃 설정이 가능하고, 매출 및 광고 효과 분석 등의 기능도 제공하니 결과도 확실히 알 수 있습니다.

출처 미래회관 본사 인스타 계정

진행 방법

광고 제휴나 제안을 통해 식당 광고를 진행할 때에는, 먼저 해당 페이지/계정의 관리자에게 이메일이나 디엠을 보내 광고를 제안합니다.

하지만 2024년 기준 페이스북 이용자가 줄면서 페이스북 페이지보다는 인스타그램 맛집 계정이나 인플루언서를 통한 협찬 광고가 훨씬 효과적입니다.

협찬 진행 시, 보통은 대부분의 계정에 정해진 상품 금액이 있습니다. 대략 '1만 팔로워 당 10만 원+식사 무료 제공' 정도 기준으로 잡습니다.

하지만 팔로워를 돈 주고 사는 어뷰징 계정들도 많기 때문에 반드시 계정 내 게시물의 좋아요/공유/댓글 수를 확인하고 진행하는 것이 좋습니다.

팔로워가 아무리 많아도 게시물 평균 좋아요/댓글이 100개가 안 되거나 릴스 평균 조회수가 1만이 안 된다면 다시 한번 고려해보는 것이 좋습니다.

이를 먼저 확인하고 우리 매장과 잘 맞는 곳이더라도, 마지막으로 기존에 생각했던 예산과 맞는지 비교해본 후 협의하여 진행합니다.

최근에는 같은 인스타 계정이라도 게시물보다 릴스(숏폼 영상게시물)가 훨씬 반응이 좋고 효과적인 경우가 많으므로 이 부분도 잘 확인해야 합니다.

보통 게시물 금액, 릴스 금액이 따로 있으며, 게시물+릴스를 함께 진행했을 때 할인을 해주는 경우가 많습니다. 하지만 싸다고 다 좋은 것은 아닙니다. 게시물 반응이 릴스보다 좋지 않다면 차라리 릴스만 진행하는 것이 더 효율적일 수 있습니다.

출처 인스타 sniff 향수 매거진, 소고기 화로구이 아고야 계정

콘텐츠 기획/제작 가이드

협찬 진행 시 가장 중요한 콘텐츠(내용)에 대한 부분도 어느 정도 가이드를 잡는 것이 좋습니다. 물론 계정마다 특징이 있어 톤을 맞추어야겠지만, 일반적으로 계정 관리자는 계정을 띄울 수 있는 방법으로 콘텐츠 기획을 제안하지 절대로 매장에 유리한 쪽으로 제안하지는 않습니다.

그래서 매장 매출을 위해 어떤 콘텐츠(내용)로 푸는 것이 좋을지에 대한 부분은 광고주(사장님)가 반드시 가이드를 잡아야 합니다.

예를 들어, 비주얼이 좋은 메뉴와 객단가가 높은 메뉴가 있다면 계정 관리자는 비주얼 메뉴 위주로 콘텐츠를 제작하고 싶어 할 것입니다. 하지만 매장의 매출을 위해서라면 객단가가 높은 메뉴를 더 부각해야 합니다.

이런 협의 과정에서 비주얼 메뉴를 먼저 보여 주고 객단가가 높은 메뉴가 더 잘나간다는 방향으로 구성한다면, 콘텐츠의 매력도와 매출을 상승시키기 위한 두 마리 토끼를 다 잡을 수 있는 전략을 설정할 수 있습니다.

콘텐츠 소재로 쓸 수 있는 내용들은 다음과 같습니다.

리뷰 활용

플레이스, 블로그 등 다양한 사람들이 매장에 대한 리뷰를 남기는 경

출저 캐치테이블/네이버 플레이스 아고야 리뷰

우가 많습니다. 이를 활용하여 매장의 장점이나 개선점을 파악하고, 이를 활용해 콘텐츠 소재로 쓸 수 있습니다.

이벤트 및 쿠폰 제공

이벤트나 쿠폰 제공 등 다양한 혜택을 강조하는 소재를 통해 매력도를 올릴 수 있습니다.

다양한 쿠폰을 통해 핵심 타깃들의 방문을 유도할 수 있다

비주얼 강조

인테리어, 다채로운 메뉴, 매장 퍼포먼스(먹는 법, 불쇼, 서비스) 등 비주얼 요소를 강조하는 소재를 통해 콘텐츠를 더욱 이슈화 시킬 수 있습니다.

위와 같은 방법으로 매장 마케팅을 활성화하면 더 많은 사람에게 많은 정보가 담긴 정보를 전달할 수 있으며, 고객들의 매장 방문을 유도하여 매출을 늘릴 수 있습니다.

플레이팅, 불쇼 등 다양한 퍼포먼스적 요소를 보여 주어 경쟁력을 높인다

브랜드 창업
마케팅 채널 세팅법

'브랜드' 창업 마케팅과 '프랜차이즈' 창업 마케팅을 진행하는 데 있어서 가장 중요한 2가지가 있습니다.

1. 타깃 구분을 반드시 정확히 해야 한다

브랜드 마케팅의 타깃은 고객입니다. 그래서 BtoC 비즈니스이며, 매장에 방문하는 고객이나 브랜드를 알리기 위한 고객을 대상으로 하는 마케팅입니다.

하지만 프랜차이즈 마케팅은 타깃이 '창업자'입니다. BtoB 비즈니스로 분류되며, 브랜드 마케팅 타깃과 아예 다르고 비즈니스 영역이 다르기 때문에 반드시 구분해야 합니다.

예를 들어 홈페이지를 만들 때에도 고객용/창업자용 타깃을 제대로 구분하지 않게 되면 보여 주는 내용에 혼선이 올 수밖에 없습니다. 고객에게는 메뉴와 매장 위치를 주로 보여 주지만, 창업자들에게는 창업에 관련된 정보를 보여 주어야 합니다.

물론, 홈페이지에 메뉴를 다양하게 만들어 창업 안내를 넣을 수도 있습니다. 하지만 그렇게 되면 홈페이지 내 유입고객이 BtoC 고객과 창업 고객이 섞이기 때문에 마케팅 진행 시, 창업자들만 리타기팅 하기 힘든 상황이 올 수도 있습니다.

그리고 콘텐츠 내용 중에 창업자에게 어필하는 내용이 고객에게는 안 좋은 이미지를 주는 경우도 있습니다.

'마진율 40%' '라면만 끓일 줄 알아도 됩니다' '재료비 30% 이하' 이런 내용들은 창업자들에게는 매력적이지만 고객이 보기에 '도대체 얼마나 안 좋은 재료를 쓰기에 재료비가 저렇게 낮은 거지?'라는 부정적인 인식을 심어줄 수도 있기 때문입니다.

마케팅 전략 수립 시, 타깃을 제대로 구분하지 못하면 성과 또한 잘 나오지 않습니다

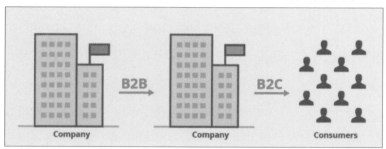

2. 목적(KPI) 구분을 반드시 세부적으로 설정해야 한다

모든 마케팅을 진행하는 데 있어서 KPI(핵심성과지표, 목적)를 제대로 설정하는 것은 당연한 일이지만, 특히나 창업 마케팅에서는 더욱 신경 써서 세부적으로 설정해야 합니다.

앞에서 말한 '브랜드를 알릴' 목적인가 '창업자를 모을' 목적인가에 대한 설정부터, 창업자를 모을 목적이라면, 창업자에게 '브랜딩'을 할 목적인가 '마케팅'을 할 목적인가를 세부적으로 나눠서 설정해야 합니다.

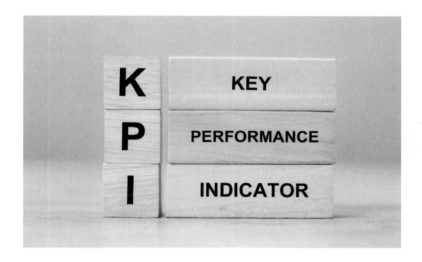

이를 정리하자면 다음과 같습니다.

- 브랜드 마케팅

- 타깃(대상): 매장에 방문할 가능성이 있는 잠재고객

- KPI (마케팅 목적):

- 매장으로 방문을 유도하여 매출을 올릴 목적 → 매장 마케팅

- 브랜드를 더 알려 매장 방문 가능성을 높이려는 목적 → 브랜드 마케팅

- 프랜차이즈 마케팅

- 타깃(대상): 해당 브랜드를 창업할 가능성이 있는 잠재고객

- KPI (마케팅 목적):

- 예비창업자에게 브랜드를 알려 인지시키려는 목적 → 프랜차이즈 창업 브랜딩

- 광고를 통해 직접 문의를 받기 위한 목적 → 프랜차이즈 창업 마케팅

처음부터 타깃과 목적에 대한 구분과 설정을 확실히 한 후 '브랜드' '프랜차이즈' 창업 마케팅 채널 전략을 세팅한다면, 적어도 마케팅비를 허공에 뿌리는 일은 없을 것입니다.

(1) 네이버 광고

- 검색광고: 브랜드 검색

네이버 검색광고 중 브랜드 검색광고는 특정 브랜드명이나 제품명 등과 같은 브랜드 관련 검색어에 대해 광고가 노출되는 광고 유형입니다. 이 광고는 브랜드 자체를 검색하는 사용자들에게 노출되기 때문에, 해당 브랜드의 인지도나 시장 점유율을 높일 수 있습니다.

또한 브랜드 관련 검색어에 대해 경쟁 업체들이 노출되는 것을 막을 수 있어, 경쟁력을 유지하고 브랜드 이미지를 강화할 수 있습니다. 브랜드 검색광고는 일반적으로 검색결과 페이지 상단에 노출되며, 광고를 클릭하면 해당 브랜드의 공식 홈페이지나 쇼핑몰 등으로 이동할 수 있습니다.

브랜드 검색광고는 검색광고의 중요한 전략 중 하나이며, 브랜드 마케팅을 효과적으로 수행하기 위해서는 브랜드 검색광고에 대한 전략적인 계획이 필요합니다.

하지만 브랜드와 연관된 키워드 검색 시 노출되는 채널이라는 점을 감안했을 때, 직접적인 마케팅 수단보다는 브랜드의 이미지와 인지도를 올리기 위한 목적에 더 적합하므로 브랜드가 어느 정도 성장했을 때 진행하는 것을 추천합니다.

브랜드 검색광고 세팅법

1. 네이버 광고 계정 생성 및 로그인

네이버 검색광고를 운영하기 위해서는 네이버 광고 계정이 필요합니다. 네이버 광고 계정이 없는 경우 네이버 광고 센터에 가입하여 계정을 생성하고, 로그인합니다.

2. 광고 그룹 생성

네이버 광고 센터에 로그인한 후, 검색광고 메뉴에서 광고 그룹을 생성합니다. 광고 그룹 이름은 브랜드명이나 제품명과 같은 키워드로 설정하는 것이 좋습니다.

3. 키워드 선택 및 등록

브랜드 검색광고를 운영하기 위해서는 브랜드와 제품에 대한 키워드를 선택하고 등록해야 합니다. 이때, 브랜드 이름과 관련된 키워드를 선택해야 합니다. 그렇지 않으면 반려될 가능성이 높습니다. 또한 검색량이 높은 관련 키워드도 함께 등록한다면 광고 효과를 높일 수 있습니다.

4. 광고 그룹 설정

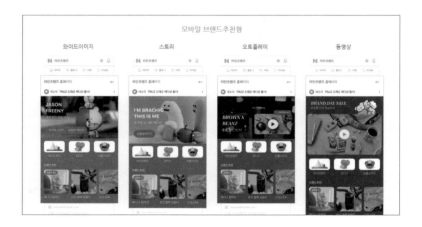

광고 그룹을 생성하고 등록한 키워드에 대해 광고를 설정합니다. 광고 그룹 설정에서는 광고 예산, 입찰가, 광고 노출 기간 등을 설정합니다. 브랜드 검색광고는 보통 키워드 조회수가 높지 않다면 월평균 모바일 50만 원, PC 50만 원, 총 100만 원 정도의 비용이 발생합니다.

5. 광고 소재 제작

광고 그룹 설정을 완료한 후, 광고 소재를 제작합니다. 광고 텍스트와 이미지를 포함한 광고를 작성하여 등록합니다. 브랜드 이미지와 함께 브랜드의 강점을 강조하는 광고 텍스트를 다양하게 작성하면 효율을 높일 수 있습니다.

6. 광고 노출 및 성과 분석

광고를 등록하면 검수 후, 검색결과 페이지 상단에 광고가 노출되게 됩니다. 광고 노출 횟수, 클릭률, 비용 등을 분석하고, 광고성과를 측정할 수 있습니다. 성과를 분석하여 광고 최적화 및 수정을 통해 더욱 효과적으로 운영할 수 있습니다.

- 바이럴 광고: 뉴스 기사

뉴스 기사 바이럴 광고는 뉴스 기사를 활용하여 제품, 서비스, 브랜드 등을 홍보하는 광고입니다. 이러한 광고는 브랜드 서비스의 가치를 강조하거나, 브랜드 인지도를 높이는 데에 효과적입니다.

더불어 강조하고자 하는 내용을 지속적으로 기사로 발행함으로써 브랜딩 누적 효과도 가져올 수 있으며, 해당 브랜드를 검색했을 때 다양한 정보를 제공할 수 있습니다.

하지만 고객을 대상으로 하는 매출 상승이나 창업자를 모으기 위한 DB광고 등 직접적인 광고 효과는 확인하기 힘들기 때문에, 단순히 브랜드 인지도를 높이기 위한 용도로만 활용할 수 있습니다.

뉴스 기사 바이럴 광고 진행 방법

적극적인 기사 활용: 뉴스 기사를 적극적으로 활용하여 제품, 서비스, 브랜드 등을 홍보합니다. 이러한 광고 방식은 뉴스 기사를 읽은 사람들에게 브랜드 메시지를 전달하므로, 브랜드 인지도를 높이는 데에 효과적입니다.

소비자들의 관심을 끄는 제목: 제목을 통해 소비자들의 관심을 끌 수 있습니다. 제품, 서비스, 브랜드 등의 가치를 강조하거나 특정 이슈에 대한 관심을 유도하는 등의 전략을 활용합니다.

공유를 유도하는 콘텐츠: 소비자들이 쉽게 공유할 수 있는 이슈를 제공합니다. 이러한 콘텐츠는 소비자들이 쉽게 공유할 수 있으며, 이를 통해 브랜드 메시지를 더욱 많은 소비자들에게 전달할 수 있습니다.

소셜미디어 활용: 소셜미디어를 적극적으로 활용하여 소비자들에게 메시지를 전달합니다. 특히, 소셜미디어에서 많이 공유될수록 브랜드 인지도와 접근성이 높아집니다.

이런 특징을 잘 활용해 뉴스 기사를 송출해주는 전문 사이트나 플랫폼을 활용하면 브랜딩을 위한 하나의 채널로 효과적으로 운영할 수 있습니다.

더불어, 기사 내용을 사전에 대략 작성해서 진행한다면 원하는 내용을 녹일 수 있을뿐더러 빠르게 발행할 수 있습니다.

(2) SNS 광고(인스타/유튜브/구글)

- 유료 광고: 인스타그램/유튜브 계정 운영 및 유료 광고

마케팅은 트렌드에 민감할 수밖에 없습니다. 그래서 내 브랜드의 잠재고객들이 어떤 플랫폼을 가장 많이 이용하는지 항상 모니터링해야 합니다.

2024년 기준으로 브랜드 계정을 운영하기에 가장 효과적인 채널은 인스타그램과 유튜브입니다. 불과 2~3년 전만 하더라도 페이스북에서 페이지를 만드는 브랜드가 가장 많았지만, 페이스북 이용자들이 점점 줄고 인스타그램과 유튜브로 이동하면서 페이스북 페이지는 만들지 않는 추세입니다.

하지만 인스타그램이 페이스북과 메타 광고 시스템을 같이 쓰기 때문에 페이스북 페이지를 운영하지는 않더라도 만들어놓고 인스타그램과 연동해 놓을 필요성은 있습니다.

메타 광고는 현재 지구상에 존재하는 가장 효과적인 광고 시스템을

<table>
<tr><th>인스타그램 계정 운영</th><th>유튜브 계정 운영</th></tr>
</table>

구축하고 있습니다. 그리고 그다음이 구글 광고입니다. 플랫폼 이용자가 가장 많기 때문에 인스타그램과 유튜브 계정을 운영해야 할 이유도 있지만, 광고 시스템을 활용하기 위해서라도 반드시 해당 채널에서 계정을 운영해야 합니다.

인스타그램 계정 운영

인스타그램은 사용자들이 좋아요, 댓글, 공유 등 다양한 방식으로 참여할 수 있는 플랫폼입니다. 이를 통해 브랜드와 사용자 간 커뮤니케이션을 활성화하고, 브랜드 정보도 쉽게 알릴 수 있습니다.

하지만 20-40 여성이 주로 사용하므로 주 타깃층이 이에 맞는지 확인이 필요하며, 타깃에 맞는 콘텐츠 콘셉트와 내용이 맞는지, 전략적으로 설정해야 합니다.

일반적으로 인스타 브랜드 계정의 경우에는 매장 매출을 활성화할 수 있는 다양한 콘텐츠들을 주제별로 나누고, 해당 주제별로 주기적으로 콘텐츠를 제작하여 업로드합니다.

그리고 다양한 이벤트(신메뉴 이벤트, 런칭 이벤트, 오픈 이벤트, 기념일 이벤트, 초성 이벤트)를 활용하여 계정을 활성화합니다.

인스타그램 활용 포인트

- 키워드 해시태그 활용: 인스타그램에서 키워드를 포함한 해시태그를 활용하여 검색엔진 최적화SEO를 할 수 있습니다. 최적화가 되면 관련 키워드 검색 시 상위노출이 되어 마케팅 효과가 극대화됩니다.

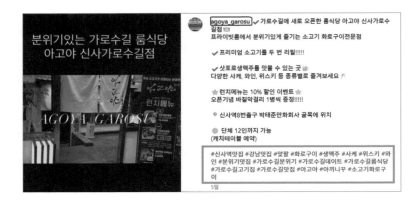

- 브랜드 스토리텔링: 브랜드의 가치와 목적을 알리기 위해 브랜드 스토리텔링을 하기 쉽습니다. 이를 통해 브랜드를 소개하고 사용자들의 공감을 유도할 수 있습니다.

- **다양한 콘텐츠 공유:** 인스타그램은 이미지, 동영상, 스토리, 라이브 방송 등 다양한 콘텐츠를 제공합니다. 이를 활용하여 다양한 콘텐츠를 공유하고, 관련 콘텐츠를 다양

한 방식으로 풀어낼 수 있습니다.

- 인플루언서 마케팅 활용: 인플루언서와 협력하여 인지도를 높이고, 제품과 서비스를 많은 팔로워에게 홍보할 수 있습니다.

- 빠른 응답: 사용자들의 댓글과 DM에 신속하게 대응하여 빠른 응답이 가능합니다.

이렇게 운영 중인 계정의 콘텐츠를 통해 KPI(목적)에 따라 계정 자체 게시물 광고나 메타 광고를 활용하여 타기팅 광고를 진행합니다.

이벤트의 경우 댓글과 참여율을 높이기 위한 광고이기 때문에 계정 자체 광고를 하는 것이 좋으며, 신청이나 구매를 위한 광고는 메타 트래픽 광고나 구매 유도 광고를 통해 좀 더 상세한 비즈니스 목적의 광고를 진행하는 것이 좋습니다.

유튜브 계정 운영

최근 영상에 대한 접근성이 높아지고 숏폼을 통한 라이프스타일의 변화가 생기면서 영상을 기반으로 한 유튜브 채널에 대한 비중이 점점 높아지고 있습니다.

그래서 브랜드 차원에서도 유튜브 채널을 운영하는 곳이 늘어나고 있습니다. 하지만 유튜브 채널 운영은 다른 채널에 비해 영상 제작이라는 기회비용이 많이 들 수밖에 없습니다. 그래서 타깃과 목적을 확실히 잡아야 합니다.

브랜드 채널 안에서 매장 고객과 창업 고객을 나눈다든지, 브랜딩인지 마케팅인지 목적에 따라 콘텐츠 기획을 한다든지 등 기회비용이 큰 만큼 콘텐츠도 세부적인 기획과 전략을 설정할 필요가 있습니다.

유튜브 계정 운영 활용 포인트

1. 고려해야 할 사항

1) 타깃 오디언스 분석: 매장 고객과 가맹점주 각각의 관심사와 요구를 파악합니다. 이를 통해 맞춤형 콘텐츠를 제작할 수 있습니다.

2) 콘텐츠 일관성 유지: 각 카테고리의 콘텐츠 톤과 스타일을 통일감 있게 유지해야 합니다. 브랜드 이미지와 메시지가 일관되도록 합니다.

3) SEO 및 키워드 전략: 적절한 키워드를 활용해 검색 최적화를 진행

합니다. 특히 가맹점주 모집 카테고리에서 관련 키워드를 잘 선정하는 것이 중요합니다.

2. 운영 꿀팁

 1) 매장 고객을 위한 콘텐츠

 - 레시피 영상: 인기 메뉴의 조리 과정을 담은 레시피 영상을 제작하여 고객의 흥미를 유도하고 먹음직스럽게 보이게 해 방문을 촉진할 수 있습니다.

 - 이벤트 소개: 매장에서 진행하는 이벤트나 프로모션을 소개하는 콘텐츠를 통해 고객의 참여를 유도합니다.

 2) 가맹점주 모집을 위한 콘텐츠

 - 성공 사례 인터뷰: 기존 가맹점주의 성공 사례를 인터뷰 형식으로 제작하여 신뢰성을 높이고 관심을 유도합니다.

 - 가맹점 운영 팁: 운영 노하우나 마케팅 전략 등을 공유하는 교육 콘텐츠를 제공하여 가맹점주가 얻을 수 있는 가치를 명확히 합니다.

- 커뮤니티 활성화: 고객과 가맹점주 모두가 참여할 수 있는 Q&A 세션이나 라이브 방송을 진행하여 소통을 늘리고, 브랜드 충성도를 높입니다. 댓글을 통해 피드백을 받는 것도 좋습니다.

유튜브 광고 활용 포인트

1. 유튜브 광고 종류

유튜브 광고는 크게 다음과 같은 형식으로 나눌 수 있습니다.

1) TrueView 광고(트루뷰 광고)

유튜브의 대표적인 광고 형식으로, 사용자가 5초 후 건너뛸 수 있는

광고입니다. 광고비는 광고를 끝까지 시청하거나 광고와 상호작용(클릭)할 경우에만 지불됩니다.

활용법: 채널의 새로운 콘텐츠, 특별 프로모션, 프랜차이즈 스토리 등을 홍보하는 데 적합합니다. 시청자가 스킵할 수 있기 때문에 광고 초반 5초 내에 브랜드의 핵심 메시지를 전달하는 것이 중요합니다.

2) 비건너뛰기 광고Non-skippable Ads

사용자가 5초 후에도 건너뛸 수 없는 15~20초 길이의 광고입니다.

활용법: 특별한 행사나 캠페인, 시청자의 흥미를 끌 수 있는 강력한 비디오 콘텐츠를 보여줄 때 효과적입니다.

3) 범퍼 광고Bumper Ads

6초 이내의 짧은 광고로, 스킵할 수 없으며 짧고 임팩트 있는 메시지를 전달할 때 사용됩니다.

활용법: 짧고 간결한 메시지로 브랜드를 노출하고 싶을 때 활용하면 좋습니다.

4) 디스커버리 광고 Discovery Ads

유튜브 검색결과 페이지나 관련 동영상 추천 영역에 노출되는 광고입니다.

활용법: 특정 키워드나 주제와 관련된 검색 트래픽을 겨냥하여 브랜드의 콘텐츠를 자연스럽게 홍보할 수 있습니다.

2. 구글 광고 네트워크 활용(GDN 광고)

구글 광고는 유튜브 외에도 다양한 채널에서 브랜드를 노출할 수 있습니다.

1) 디스플레이 네트워크 광고

구글의 디스플레이 네트워크GDN를 통해 유튜브 외부의 웹사이트나 앱에서도 광고를 보여 줄 수 있습니다.

활용법: 외식업 프랜차이즈와 관련된 타깃층이 많이 방문하는 사이트나 콘텐츠에서 광고를 노출할 수 있습니다.

2) 검색광고

유튜브 채널을 통해 제공하는 콘텐츠와 연관된 키워드를 구글 검색광고로 노출해 잠재적인 고객이 검색할 때 채널을 발견할 수 있게 할 수 있습니다.

3) 리타기팅 광고

이전에 유튜브 채널을 방문했거나 영상을 본 사용자에게 반복적으로 광고를 노출하는 방식입니다.

활용법: 프랜차이즈 브랜드에 관심을 보인 고객에게 지속적으로 광고를 보여 줌으로써 구독과 구매로 이어질 가능성을 높입니다.

3. 광고 세팅법

1) 구글 광고 계정 생성

Google Ads에 접속하여 계정을 생성합니다. 이미 유튜브 채널을 운영하고 있다면, 동일한 계정으로 로그인을 합니다.

2) 캠페인 생성

구글 광고 계정에 로그인 후 '새 캠페인 만들기'를 클릭합니다.

목표를 선택합니다. 유튜브 채널 홍보의 경우 '브랜드 인지도 및 도달' 또는 '동영상' 캠페인 유형을 선택하는 것이 일반적입니다.

3) 광고 형식 선택

동영상 캠페인을 선택하면 트루뷰, 비건너뛰기, 범퍼 광고 등을 설정할 수 있습니다.

디스커버리 광고를 설정하려면 동영상 캠페인에서 디스커버리 옵션을 선택합니다.

4) 타기팅 설정

광고의 타기팅을 설정합니다. 외식업 프랜차이즈라면 잠재 고객층을 구체적으로 정의하는 것이 중요합니다. 지역, 성별, 연령대, 관심사 등을 기준으로 설정할 수 있습니다.

- 키워드 타기팅: 브랜드와 관련된 키워드를 입력해 특정 검색어를 입력한 사용자에게 광고를 노출할 수 있습니다.

- 주제 타기팅: 음식, 요리, 프랜차이즈 등 브랜드와 연관된 주제에 관심 있는 사용자에게 광고를 보여 줄 수 있습니다.

5) 예산 설정

일일 예산 또는 총예산을 설정합니다. 프랜차이즈 브랜드의 경우 지역 광고라면 비교적 낮은 예산으로도 효과를 볼 수 있습니다.

6) 광고 크리에이티브 업로드

준비된 영상 콘텐츠를 업로드합니다. 5~6초 안에 강력한 메시지를 담을 수 있도록 제작하는 것이 중요합니다.

7) 성과 측정 및 최적화

광고가 진행된 후에는 Google Ads의 성과 보고서를 통해 시청률, 클릭률, 전환율 등을 확인합니다. 이를 통해 타기팅, 크리에이티브, 예산을 지속적으로 조정하면서 최적화할 수 있습니다.

4. 광고 효과 극대화 팁

1) 타깃 세분화: 프랜차이즈의 타깃층(가족, 직장인, 젊은 층 등)을 세분화하여 각각에 맞춘 광고 크리에이티브를 제작하면 더 효과적으로 핵심 타깃에게 전달할 수 있습니다.

2) 스토리텔링: 브랜드의 철학, 성공 스토리, 점주 성공 사례, 대표 인

터뷰, 매장 영상 등을 담은 콘텐츠를 통해 고객의 신뢰를 높이면 문의 유도에 도움이 됩니다.

3) CTA^{Call-to-Action} 강조: 광고 말미에 구독, 웹사이트 방문, 매장 방문 유도 등 명확한 행동 지시^{Call-to-Action}를 포함해 원하는 KPI를 달성할 수 있습니다.

- 협찬 광고: 유튜브 채널 및 유튜버 협찬을 통한 브랜딩

유튜버를 통한 협찬 광고는 제품, 서비스 또는 브랜드를 홍보하기 위해 유튜버와 협력하여 제작하는 광고입니다.

일반적으로 유튜버는 제공된 제품 또는 브랜드를 체험하고 관련된 내용을 영상으로 제작하고 이를 자신의 채널에 게시하는 방법으로 진행됩니다.

협찬 광고는 일반적으로 유튜브상에서 '협찬' 또는 '광고'로 표시되며, 시청자들은 이 광고가 유료 광고임을 알 수 있습니다.

유튜버 협찬 금액은 보통 구독자를 기준으로 정해지지만, 구독자가 많아도 조회수가 높지 않다면 효과가 좋지 않을 수 있기 때문에 다양한 요소를 고려해야 합니다.

그리고 연예인들이 출연하는 채널들은 구독자가 낮아도 단가가 비쌀 수 있습니다. 이런 다양한 조건과 상황을 고려하여 협찬 광고 진행 채널을 찾는 것이 좋습니다.

하지만 그에 앞서 가장 먼저 고려해야 할 부분이 있습니다. 앞서 언급했듯 '타깃(대상)'과 '목적KPI'입니다.

1. '타깃'에 대한 명확한 설정

내가 홍보할 대상이 20~30대 매장 고객이면 그들이 좋아하고 자주 보는 채널을 선택하는 것이 좋을 것입니다. 하지만 타깃만을 고려한다고 카테고리를 무시하고 너무 생뚱맞은 채널을 진행한다면 마케팅 효과는 반감될 수도 있습니다.

내가 홍보할 대상이 창업 타깃인 경우에는 타깃을 더욱 확실히 정해야 합니다. 브랜드가 매력적이고 맛있어 보이면 분명히 창업 문의도 많이 오긴 할 테지만, 직접적인 창업자들을 타깃으로 하는 협찬이라면 먹방이나 브이로그보다는 창업전문가가 운영하는 채널이나, 창업자가 궁금해하는 내용을 담을 수 있는 인터뷰형/스토리텔링형 채널이 더 적합할 것입니다.

그런 부분들을 반드시 전체적으로 고려해서 브랜드의 고객에게 가장 잘 어필할 수 있는 채널을 선택해야 합니다.

2. 협찬을 위한 목적(KPI) 세분화

유튜브는 일반적으로 지역 타기팅이 되지 않습니다. 유튜브의 채널 목적 자체가 구독자를 늘리기 위한 목적이기 때문에, 해당 지역에 있는 매장만을 위한 유튜브 협찬은 사실상 불가능합니다. 다만, 채널 안 영상에서 출연자가 해당 지점을 딱 집어서 얘기한다면 가능할지도 모르겠습니다.

그래서 유튜브 협찬 광고는 매장 방문을 유도하기 위한 브랜딩 광고에 속합니다. 메타 광고나 네이버 광고처럼 직접적인 매출의 증감을 측정할 수 있는 마케팅 채널이 아니라, 인지도를 올려 방문 수를 지속적으로 올리기 위한 '알리는 광고'라는 뜻입니다.

그래서 이 협찬을 하는 목적이 브랜드를 알리기 위함이냐, 해당 매장을 홍보하기 위함이냐, 프랜차이즈 창업자 모집을 위함이냐에 따라 선택할 수 있는 채널의 종류는 완전히 달라집니다.

프랜차이즈 본사의 경우에는, 매장 마케팅에만 집중하면 창업 문의가 적을 것이고 창업 마케팅에만 집중한다면 광고비를 쓰지 않았을 때 지속적인 창업자 모객이 힘들 것입니다.

그래서 창업자 모객을 목적으로 한다면, 유튜브 협찬을 통해 전문적인 창업 채널이나 창업내용을 풀어낼 수 있는 채널을 통해 창업자들에게 해당 브랜드 창업의 장단점을 지속적으로 알릴 수 있는 '창업 브랜딩' 과정을 거친 후, 여기서 나온 영상이나 콘텐츠들을 활용하여 메타나 네이버 등을 통해 창업 마케팅을 진행하는 것을 추천합니다.

유튜버 협찬 진행 순서

유튜버 선정: 광고를 진행할 유튜버를 선정합니다. 유튜버의 채널 분야와 구독자 수, 조회수, 참여율 등을 고려하여 선택합니다.

제품 제공: 광고를 진행할 제품 또는 서비스를 제공합니다. 유튜버는 제공된 제품 또는 서비스를 체험합니다.

광고 콘텐츠 제작: 유튜버는 제공된 제품 또는 서비스를 체험하고 이를 바탕으로 광고 콘텐츠를 제작합니다. 광고 콘텐츠는 일반적으로 유튜버의 채널에 게시됩니다.

광고 공개: 광고 콘텐츠는 유료 광고임을 나타내는 '협찬' 또는 '광고' 등의 표시가 포함되어 게시됩니다.

유튜버를 통한 협찬 광고는 유튜버와 브랜드 간의 협력을 통해 제작되는 만큼, 유튜버의 채널과 브랜드의 이미지가 잘 맞아야 하며, 제품 또는 서비스와 유튜버의 콘텐츠가 자연스럽게 연결되어야 합니다.

또한, 유료 광고임을 분명하게 나타내어 시청자들이 광고임을 인식할 수 있도록 해야 합니다.

프랜차이즈 창업
마케팅 채널

(1) 네이버 광고

- 검색광고: 클릭초이스(파워링크), 파워콘텐츠

프랜차이즈 본사에서 가맹점 모집을 위한 다양한 광고 중 네이버 검색광고를 활용하여 진행할 수 있는 광고는 클릭초이스(파워링크)와 파워콘텐츠입니다.

파워링크/파워콘텐츠 같은 경우에는 검색 결과 노출되는 사이트의 순위를 입찰로 구매하는 방식이기 때문에 네이버를 주로 사용하는 대한민국의 경우에는 경쟁이 매우 치열합니다. 그래서 입찰 단가가 매우 높습니다.

조회수가 높은 '프랜차이즈 창업' '외식업 창업' 등과 같은 키워드들은 클릭당 2만 원이 넘어가는 경우도 많습니다. 그럼에도 불구하고 브랜드의 인지도가 낮거나 홈페이지의 매력도가 떨어진다면 문의나 계약으로 전환될 확률이 매우 낮아집니다.

예를 들어 클릭당 2만 원인 키워드가 월 클릭 100회가 일어나면 200만 원의 비용이 발생합니다. 하지만 홈페이지의 매력도가 낮아 유입 대비 문의 전환율이 1%라면, 200만 원을 쓰고도 1개의 문의도 겨우 받을 수밖에 없습니다.

그래서 내 브랜드의 인지도와 홈페이지의 매력도/전환율을 미리 점검하고 전략적으로 접근해야 합니다.

일반적으로 조회수가 많고 범위가 넓은 '프랜차이즈 창업' 키워드는 순위를 낮게 해놓고, 조회수는 낮지만 진성률이 높고 범위가 좁은 '삼겹살 창업' '족발집 창업' 등의 순위를 높여 밸런스를 맞춰 예산을 효율적으로 쓰는 것이 좋습니다.

마케팅 전략 설정 방법에 대해 살펴보겠습니다.

클릭초이스(파워링크) 마케팅 전략

1. 타깃 정의

창업 희망자: 주로 20대 후반에서 50대 초반, 외식업에 관심 있는 사람들

2. 시장 조사: 경쟁사 분석 및 창업자들이 선호하는 브랜드 조사 후 내 브랜드와 비교/개선

3. 키워드 선정

- 주요 키워드: '프랜차이즈 창업' '외식업 창업' '가맹점 모집' '프랜차이즈 투자' '창업 성공 사례 등

- 세부 키워드: '서울 외식업 프랜차이즈' '저렴한 프랜차이즈 창업' 등

4. 광고 문구 및 이미지 준비

- 광고 문구: 창업의 장점, 지원 혜택, 성공 사례 강조

- 비주얼 요소: 매력적인 음식 사진, 브랜드 이미지, 실제 가맹점 모습

5. 랜딩페이지 최적화

- 정보 제공: 가맹 조건, 지원 프로그램, 창업 성공 사례 등.

- CTA Call To Action: 상담 신청, 문의하기 버튼 배치.

- 데이터 분석 및 최적화

광고 성과 분석 후, 클릭률, 전환율에 따라 키워드 및 광고 문구 조정.

클릭초이스(파워링크) 광고 세팅 방법

1. 네이버 광고 계정 생성 및 로그인

네이버 광고 홈페이지에 접속하여 계정 생성 후 로그인합니다.

2. 캠페인 생성

'캠페인 만들기' 클릭 → '클릭초이스' 선택. 캠페인 이름, 예산, 기간 설정.

3. 광고 그룹 생성

광고 그룹 이름 입력.

4. 타깃 설정: 지역(예: 서울, 경기 등), 연령대, 성별 설정.

5. 키워드 등록

선정한 키워드 입력. 각 키워드에 대해 클릭당 비용(CPC) 설정.

키워드 관련성 높은 세부 키워드도 포함.

6. 광고 문구 작성

광고 제목, 설명, URL 입력.

예시: "최고의 외식업 프랜차이즈를 시작하세요!" / "투자 안정성 보장! 지금 상담받기!"

7. 성과 모니터링 및 조정

광고 진행 중 성과 데이터를 분석하여 필요시 키워드, 광고 문구, 예산 등을 조정합니다.

블로그탭 파워링크, 파워콘텐츠

네이버 검색광고 중 파워콘텐츠는 블로그 탭 페이지 상단 부분에 노출되는 콘텐츠 광고입니다. 일반적인 텍스트 광고보다 크고 눈에 띄는 이미지, 동영상, 뉴스 기사 등 다양한 콘텐츠를 활용하여 사용자들의 눈길을 끌고, 클릭률을 높이는 효과가 있습니다.

출저 네이버

파워콘텐츠 광고는 검색어 기반 순위 광고로 노출됩니다. 또한, 다양한 콘텐츠 형식을 활용할 수 있으므로, 제품 소개, 이벤트 안내, 뉴스 기사 등의 다양한 콘텐츠를 활용하여 사용자들에게 정보를 제공하고, 브랜드 인지도를 높일 수 있습니다.

파워콘텐츠 광고는 일반적인 검색광고와 마찬가지로, 입찰가와 예산

출저 네이버

을 설정하여 운영할 수 있습니다.

또한, 검색어에 따라 자동으로 콘텐츠를 생성해주는 자동 생성 기능도 제공됩니다. 따라서, 기존의 검색광고와 마찬가지로 타깃 고객층을 분석하고, 광고 성과를 지속적으로 모니터링하여 광고 전략을 보완하면서 운영해야 합니다.

파워콘텐츠 광고는 기존의 텍스트 광고보다 더욱 눈에 띄는 광고이기 때문에, 브랜드 인지도를 높이고 클릭률을 높이는 데 매우 효과적입니다. 따라서, 브랜드 마케팅 전략에 파워콘텐츠 광고를 포함하는 것이 중요합니다.

출저 네이버

파워콘텐츠 세팅법

1. 네이버 검색광고 계정 생성 및 로그인

네이버 검색광고 센터(https://searchad.naver.com)에 접속하여 계정을 생성하고, 로그인해야 합니다.

2. 광고그룹 생성

광고그룹을 먼저 생성해야 합니다. 광고그룹은 하나 이상의 광고를 포함하는 단위로, 같은 키워드, 타기팅, 입찰가 등을 가지고 있는 광고들을 묶어서 관리할 수 있습니다.

3. 광고 콘텐츠 제작

파워콘텐츠 광고는 블로그 형식으로 제작할 수 있습니다. 파워콘텐츠의 형식과 기준을 확인 한 후, 블로그를 포스팅하고 해당 링크를 통해 제작합니다.

4. 파워콘텐츠 광고 생성

광고그룹을 생성하고 광고 콘텐츠를 제작한 후, 네이버 검색광고 센터에서 파워콘텐츠 광고를 생성합니다. 파워콘텐츠 광고를 생성할 때는 광고 그룹, 콘텐츠 형식, 제목, 설명 등을 설정해야 합니다.

5. 입찰가 및 예산 설정

입찰가와 예산을 설정해야 합니다. 입찰가는 클릭당 비용을 의미하며, 예산은 일일 노출 가능한 광고 노출/클릭 수를 의미합니다.

6. 광고 대상 설정

광고 대상은 타기팅 기능을 활용하여 설정할 수 있으며, 지역, 성별, 연령대, 관심사 등의 정보를 활용하여 광고를 노출할 대상을 정할 수 있습니다.

7. 광고 성과 분석

광고 성과를 분석하고, 광고 성과를 개선하는 것이 중요합니다. 네이버 검색광고 센터에서는 광고 성과를 분석할 수 있는 다양한 도구를 제공합니다.

광고 노출 수, 클릭 수, 클릭률, 전환율 등을 확인하고, 이를 바탕으로 입찰가와 예산을 조정하거나 광고 콘텐츠를 개선할 수 있습니다.

또한, A/B 테스트를 활용하여 광고 성과를 개선할 수 있습니다. A/B 테스트는 두 개 이상의 광고를 만들어서 동시에 운영하고, 광고 성과를 비교하는 방법입니다.

예를 들어, 광고 콘텐츠의 이미지를 다르게 설정하거나 광고 제목을 다르게 설정하는 등의 테스트를 통해 광고 성과를 개선할 수 있습니다.

- 바이럴 광고: 창업카페

- 창업카페

네이버 카페는 온라인 커뮤니티 플랫폼으로, 특정 주제에 관심이 있는 사람들끼리 모여 정보를 공유하고 소통할 수 있는 공간입니다.

그중 창업 관련 카페에서는 많은 창업자와 자영업자/소상공인이 모여 있습니다. 이런 창업 카페에서 활동하면서 해당 브랜드를 알림과 동시에 브랜드의 장점을 어필해 가맹 문의로 유도할 수 있습니다.

대표적인 창업카페로 '아프니까 사장이다' '고창모(고기창업자모임)' '카창모(카페창업자모임)' 등이 있습니다.

창업카페를 통한 가맹 모집 마케팅 방법

1. 창업 정보 공유:

창업 관련 카페에 가입하여 다양한 창업 정보와 경험을 공유하고, 카페 내에서 다른 회원들과 소통하며 노하우를 얻을 수 있습니다. 이를 통해 창업에 필요한 정보를 수집하고, 내 브랜드의 인지도를 확인할 수 있습니다.

2. 카페 제휴 광고 게시:

가장 효과적인 방법으로 창업 관련 카페 제휴 광고를 게시하여, 타깃 대상인 창업에 관심이 있는 사람들에게 직접 마케팅을 할 수 있습니다.

보통 브랜드 게시판을 배정받아 지속적으로 게시물을 올리거나 카페 회원 전체에게 일괄 쪽지 발송을 하거나, 메인화면에 배너 형태의 게시물을 게시하여 광고하는 방법입니다.

광고 게시물에는 브랜드의 특징과 장점을 구체적으로 설명하고, 링크를 첨부하여 웹사이트 또는 랜딩페이지로 유도하여 더 다양한 정보를 볼 수 있도록 해야 합니다.

3. 커뮤니티 활동:

창업 관련 카페에서 다른 회원들과 소통하면서 자신의 브랜드와 제품을 홍보하는 것도 가능합니다.

카페 회원을 대상으로 지속적인 바이럴로 브랜드 인지도를 올린다

예를 들어, 다른 회원들의 문의에 답변하거나 자신의 경험을 공유함으로써, 브랜드와 제품에 대한 신뢰도와 인지도를 높일 수 있습니다.

4. 이벤트 참여:

창업 관련 카페에서 진행되는 이벤트에 참여하여 브랜드를 홍보하는 것도 좋은 방법입니다.

예를 들어, 카페에서 주최하는 이벤트에 참여하거나 경품을 제공하는 이벤트에 협찬이나 참여를 통해 브랜드 인지도를 올릴 수 있습니다.

(2) SNS 광고

- 유료 광고: 페이스북/인스타그램 프랜차이즈 타기팅 광고

페이스북과 인스타그램 메타 광고 시스템을 함께 사용하고 있습니다. 그래서 하나의 광고 채널이라고 봐야 합니다. 2024년 기준 전 세계에서 가장 퍼포먼스 마케팅(디비수집 마케팅) 효율이 좋은 채널이 바로 메타 광고입니다.

그래서 프랜차이즈 가맹점 모집 시 메타 광고는 빠질 수 없습니다. 물론, 최근 들어 경쟁도 많아지고 창업 시장도 얼어붙으면서 메타 광고의 허수 비율이 많이 높아지고, 창업자들이 비교하는 데 익숙해져서 진성률이 많이 떨어진 상태이기는 합니다.

하지만 창업 브랜딩을 통해 해당 브랜드의 강점을 지속적으로 풀어내면서 메타 광고와 함께 진행한다면, 분명 충분히 효과적인 채널로 활용할 수 있습니다.

더불어 진성률이 낮은 문의라도 지속적인 연락과 관리를 통해 충성도를 높인다면, 문의가 왔을 때뿐만 아니라 추후에도 가맹계약 건으로 연결할 수 있는 가능성이 있으니 영업 관리도 함께 신경 쓰고 시스템화해야 합니다.

메타 광고 기획이나 콘텐츠 진행 사례는 'III. 프랜차이즈 창업 마케팅'에서 자세히 설명하였으니 참고하시기 바랍니다.

1. 메타 타기팅 광고 종류

관심사 기반 타기팅

관심사 기반 타기팅은 사용자가 페이스북/인스타그램에 입력한 관심사, 좋아하는 페이지, 참여한 이벤트 등을 바탕으로 타깃을 설정하는 방법입니다.

예를 들어, 음식과 요리에 관심이 있는 사용자를 대상으로 한 식당의 광고를 보내기 위해, 해당 키워드나 관련 페이지를 타기팅 대상으로 설정할 수 있습니다.

위치 기반 타기팅

위치 기반 타기팅은 광고를 보낼 지역을 설정하여 해당 지역에 거주하는 사용자들에게 광고를 보내는 방법입니다. 이는 지역별 특화된 광고를 만들어 대상 고객층에게 직접적으로 접근할 수 있는 장점이 있습니다.

예를 들어, 지역별 매장 프로모션을 알리기 위해 해당 지역을 반경 20km로 잡아서 타기팅 대상으로 설정할 수 있습니다.

행동 기반 타기팅

행동 기반 타기팅은 사용자의 행동 패턴을 바탕으로 광고를 보내는 방법입니다.

예를 들어, 쇼핑몰에서 상품을 검색한 사용자를 대상으로 해당 상품의 광고를 보내는 것입니다. 이는 사용자의 관심사와 행동 패턴을 분석하여 효과적인 광고를 보낼 수 있는 방법입니다.

연령, 성별, 언어 등 기본 설정 타기팅

페이스북/인스타그램은 기본적으로 연령, 성별, 언어 등의 기본 설정을 통해 타기팅할 수 있습니다. 이는 대상 고객층의 특징에 따라 광고를 타기팅하기 위한 가장 기본적인 방법입니다.

2. 맞춤 타깃, 유사 타깃 세팅법

맞춤 타깃과 유사 타깃은 특정 집단을 골라 광고를 노출하는 방법입니다.

맞춤 타깃은 광고를 보여 줄 대상을 직접 선택하는 방식이고, 유사 타깃은 맞춤 타깃으로 지정된 집단과 비슷한 특성을 갖는 대상에게 광고를 노출하는 방식입니다.

맞춤 타깃

맞춤 타깃은 광고주가 직접 타깃 대상을 선택하는 방식입니다. 이 경우, 광고주는 광고를 노출시키고자 하는 대상의 연령, 성별, 지역, 관심

실 타겟 추출 화면
맞춤 타겟
새로 만들기 ▼

일일 추산 결과
Q PI존 타겟 검색

이 캠페인은 광고 세트에서 최적화된 예산을 사...므로 일일 주산 결과를 확인할 수 없습니다.

전체   유사 타겟   맞춤 타겟

- 제품 구매 제외_90 .... 여러 데이터 소스
- 웹사이트 방문자 .... 웹사이트
- 웹사이트 방문자 .... 웹사이트
- 웹사이트 방문자 리타겟 .... 웹사이트
- 유사 타겟 (KR, 6%) - 인스타 리타겟팅 .... 유사 타겟
- 인스타 리타겟팅 .... 참여 - Instagram
- 인스타 리타겟팅 .... 참여 - Instagram
- 웹사이트 방문자 리타겟 .... 웹사이트

규모:
이용할 수 없음

이름:
제품 구매 제외_90

유형:
여러 데이터 소스

사용 가능 여부:
● 사용 가능

사, 직업 등과 같은 정보를 입력하여 타기팅을 설정합니다.

예를 들어, 프랜차이즈 전체 매장에 방문한 고객들의 연락처나 네이버에서 '프랜차이즈 창업'이라고 검색해본 검색자들의 네이버 아이디가 10만 개 정도 엑셀로 있다면, 그 정보를 업로드하여 해당 대상 중 인스타그램이나 페이스북을 하는 사용자들에게 콘텐츠를 보여 주는 방식입니다.

맞춤 타깃을 설정할 때는 대상의 선호도나 관심사와 관련된 키워드, 검색 기록, 구매 이력 등과 같은 정보를 참고하여 정확한 타깃 대상을 설정하는 것이 중요합니다. 이를 통해 광고 노출 대상을 정확하게 설정하여 클릭률과 전환율을 높일 수 있습니다.

유사 타깃은 기존에 타기팅하려는 광고 대상 그룹과 유사한 특성을 가진 새로운 광고 대상 그룹을 찾아서 광고를 노출하는 방법입니다.

이는 광고 대상 그룹의 구체적인 성격을 파악하여 해당 성격을 가진 새로운 광고 대상 그룹을 확보하는 방법으로, 타기팅 광고의 효율성을

높이는 데 큰 역할을 합니다.

유사 타깃 세팅 방법

타기팅하고자 하는 원래 대상그룹이나 맞춤 타깃을 선택하고, 선택된 타깃의 공통점이나 특징을 분석합니다. 이후 분석한 결과를 바탕으로 유사한 특성을 가진 새로운 광고 유사 타깃을 만들고, 광고를 실행합니다.

예를 들어, '여성 20~30대, 서울 거주, 학생 또는 취업 준비생, 인터넷 쇼핑몰 이용자'들의 DB(데이터베이스)로 생성된 맞춤 타깃으로 원래 그룹을 설정하고, 해당 대상 그룹의 공통점인 '온라인 쇼핑을 선호하는 젊은층'을 파악하면, 이와 유사한 특성을 가진 새로운 광고 대상 그룹을 찾아서 광고를 노출할 수 있습니다.

유사 타깃 광고는 기존의 타기팅 대상 그룹에 비해 높은 반응률과 광고 효과를 보이며, 더 많은 고객 유치와 매출 상승에 큰 도움을 줍니다. 하지만 맞춤 타깃 사이의 공통점이 적거나 데이터의 모수가 너무 적으면 타기팅이 정확하지 않고 혼재될 가능성이 있습니다.

3. 메타 유료 타기팅 광고 세팅법

먼저 페이스북 비즈니스 매니저나 인스타그램 비즈니스 계정(프로페셔널 계정 전환)을 생성한 후, 광고 세팅을 시작해야 합니다.

광고 캠페인 설정

먼저 광고를 어떤 목적으로 설정할 것인지, 예산은 얼마나 할 것인지 등을 정해야 합니다. 이후 광고 세트 설정으로 넘어갑니다.

광고 세트 설정

광고 세트 설정에서는 광고 대상을 어떤 기준으로 설정할 것인지를 정해야 합니다. 이때 메타 정보를 이용한 타기팅을 하려면, 대상 고객군의 인구통계학적 정보나 관심사, 행동 등을 설정해야 합니다.

광고 콘텐츠 디자인

광고 세트 설정을 마치면, 광고 배너를 디자인합니다. 광고 배너는 제

목, 텍스트, 이미지나 동영상, 콜투액션 등으로 구성됩니다.

광고지면 위치 설정

광고가 어디에서 노출될지, 누구에게 노출될지 설정합니다. 예를 들어, 인스타그램 스토리에서만 노출되거나 디스플레이 네트워크에서 노

출되도록 설정할 수 있습니다. 하지만 오랫동안 익숙하게 해보지 않았다면, 가능하면 전체 자동노출을 추천합니다.

메타 광고 시스템의 머신러닝 기술이 훨씬 더 문의를 많이 받을 수 있도록 타기팅을 자동으로 하기 때문입니다.

예산 및 결제 설정

광고 예산과 결제 수단을 설정합니다. 이때, 결제 수단으로는 신용카드, 페이팔, 직접 이체 등이 제공됩니다.

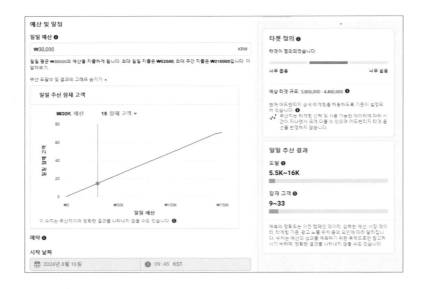

광고 심사 및 노출

광고 심사를 거쳐 승인되면, 광고가 노출됩니다. 이때 광고 성과를 모니터링하고, 광고 세부 사항을 수정하거나 예산을 조정하는 등 광고 성과를 높일 수 있는 작업을 수행해야 합니다.

(3) 배너 광고: GDN, 카카오 모먼트

1. GDN 광고

앞서 SNS 유료 광고 중 GDN 광고에 대해 설명한 바 있지만, 프랜차이즈 창업 마케팅을 위해 GDN 광고를 활용할 수도 있습니다.

계정 운영을 위한 유료 광고는 광고 클릭 시 유튜브 채널로 유입이 되지만, 프랜차이즈 창업 광고는 홈페이지로 유입이 됩니다.

배너광고는 가맹 모집 DB 수집보다는 브랜드를 알리는 목적이 더 크긴 하지만. 홈페이지가 있는 경우, 홈페이지 방문자들을 리타기팅 할 수 있다는 것이 가장 큰 장점입니다.

그래서 프랜차이즈 가맹 모집을 위한 GDN 광고는 홈페이지 방문자들에게 배너형 광고나 유튜브 채널 영상 광고를 통해 지속적으로 따라다니며, 리타기팅 하는 방법으로 활용할 수 있습니다.

GDN 광고의 특징

- **인지도 향상:** GDN 광고는 이미지, 동영상, 리치 미디어 등 다양한 광고 형태를 제공합니다. 이를 통해 브랜드 이미지를 알리고, 브랜드 인지도를 높일 수 있습니다. 다른 배너광고와는 다르게 영상으로도 광고가 가능하다는 큰 장점이 있습니다.

- **낮은 비용:** GDN 광고는 검색광고에 비해 저렴한 비용으로 할 수 있습니다. 작은 규모의 비용으로도 비용을 최대한 활용할 수 있습니다.

- **리타기팅:** 리타기팅은 기존 고객을 대상으로 광고를 게재하는 전략입니다. GDN 광고를 활용하여 홈페이지에 들어온 고객들을 따라다니면 브랜드 인지도를 올리고 창업 문의를 유도할 수 있습니다.

- **효과적인 광고 게재:** GDN 광고는 콘텐츠에 따라 광고 표시, 클릭 수, 시간 등 다양한 지표를 제공합니다. 이를 통해 광고 효과를 분석하고 효과적인 광고를 운영할 수 있습니다.

2. 카카오 모먼트 광고

카카오 모먼트Kakao Moment는 카카오톡/다음/네이트 등 다양한 채널의 다양한 광고 상품을 통해 효과적으로 광고를 관리/운영할 수 있도록 해주는 카카오 통합 광고 플랫폼입니다.

카카오 광고			
디스플레이 광고	메시지 광고	검색 광고	브랜드 이모티콘
비즈보드		키워드 광고	
디스플레이 광고		브랜드 검색 광고	
동영상 광고			
쇼핑 광고			
...			

- **종류:** 디스플레이 광고, 검색광고, 콘텐츠 광고 등 여러 형태의 광고 상품을 제공합니다.

- **세부 타기팅:** 사용자 데이터를 기반으로 세밀한 타기팅이 가능하여, 관심사, 행동, 지역 등을 기준으로 광고를 노출할 수 있습니다.

- **리타기팅:** 웹사이트 방문자나 앱 사용자에게 재방문을 유도하는 리타기팅 기능도 제공하여 효과적인 전환을 지원합니다.

- **성과 분석 기능 제공**

- **실시간 데이터 제공:** 광고 성과를 실시간으로 분석할 수 있는 대시보드를 제공합니다.

- **다양한 지표:** 클릭률CTR, 전환율, 노출 수 등 다양한 지표를 통해 광고 효과를 측정하고 최적화할 수 있습니다.

- **모바일 최적화**

- **모바일 중심:** 카카오는 모바일 플랫폼에서 강점을 지니고 있어, 모바일 사용자를 타

깃으로 한 광고에 적합합니다.

- **앱 광고**: 카카오의 다양한 앱에서 직접 광고를 노출할 수 있어 높은 사용자 접근성을 자랑합니다.

- **통합 관리 기능**

- **광고 통합 관리**: 여러 광고 상품을 하나의 대시보드에서 관리할 수 있어 효율적입니다.

- **예산 관리**: 광고 캠페인별로 예산을 설정하고 관리할 수 있어 비용 효율성이 높습니다.

하지만 카카오 모먼트의 경우, 광고를 할 수 있는 대상이 네이버 이용자는 포함이 되지 않기 때문에 타깃의 규모가 적다는 단점이 있습니다.

더불어, 카카오 모먼트로 드라마틱한 성과가 난 경우도 많지 않기 때문에 예산이 많다면 다양한 채널 운영 측면에서 진행해볼 만하지만, 그렇지 않다면 우선순위에서 밀릴 수밖에 없습니다.

매장부터
프랜차이즈까지,
외식업
마케팅의
모든 것

1판 1쇄 펴낸날 2025년 5월 19일

지은이 김경문

펴낸이 나성원
펴낸곳 나비의활주로

책임편집 박선주
디자인 BIG WAVE

주소 서울시 성북구 아리랑로19길 86
전화 070-7643-7272
팩스 02-6499-0595
전자우편 butterflyrun@naver.com
출판등록 제2010-000138호
상표등록 제40-1362154호
ISBN 979-11-93110-61-4 03320

※ 이 책은 저작권법에 따라 보호받는 저작물이므로 무단 전재와 무단 복제를
   금지하며, 이 책의 내용을 전부 또는 일부를 이용하려면
   반드시 저작권자와 도서출판 나비의활주로의 서면 동의를 받아야 합니다.
※ 책값은 뒤표지에 있습니다.
※ 잘못된 책은 구입하신 곳에서 바꾸어 드립니다.